陕西省房地产业发展研究报告（2021）
——城镇青年群体住房租赁需求形成机理及驱动政策

郭晓彤　刘晓君　著

西安建筑科技大学丝绸之路住房研究所
陕西省房地产业发展研究中心　　　　　　组织编写
新时代陕西人居环境与美好生活共建共享重点研究基地

中国建筑工业出版社

图书在版编目（CIP）数据

陕西省房地产业发展研究报告. 2021：城镇青年群体住房租赁需求形成机理及驱动政策/郭晓彤，刘晓君著；西安建筑科技大学丝绸之路住房研究所，陕西省房地产业发展研究中心，新时代陕西人居环境与美好生活共建共享重点研究基地组织编写. —北京：中国建筑工业出版社，2022.10

ISBN 978-7-112-27891-6

Ⅰ.①陕… Ⅱ.①郭… ②刘… ③西… ④陕… ⑤新… Ⅲ.①房地产业-经济发展-研究报告-陕西-2021 Ⅳ.①F299.274.1

中国版本图书馆CIP数据核字（2022）第173847号

责任编辑：张　晶　周方圆
责任校对：党　蕾

陕西省房地产业发展研究报告（2021）
——城镇青年群体住房租赁需求形成机理及驱动政策
郭晓彤　刘晓君　著
西安建筑科技大学丝绸之路住房研究所
陕西省房地产业发展研究中心　　　　　　组织编写
新时代陕西人居环境与美好生活共建共享重点研究基地

*

中国建筑工业出版社出版、发行（北京海淀三里河路9号）
各地新华书店、建筑书店经销
北京科地亚盟排版公司制版
北京建筑工业印刷厂印刷

*

开本：787毫米×1092毫米　1/16　印张：9¾　字数：204千字
2022年10月第一版　2022年10月第一次印刷
定价：45.00元
ISBN 978-7-112-27891-6
（40043）

版权所有　翻印必究
如有印装质量问题，可寄本社图书出版中心退换
（邮政编码100037）

本书编委会

主　任：韩一兵　陕西省住房和城乡建设厅党组书记、厅长
　　　　刘晓君　新时代陕西人居环境与美好生活共建共享重点研究基地
　　　　　　　　首席专家　陕西省房地产业发展研究中心主任
副主任：李卫军　陕西省住房和城乡建设厅副厅长
　　　　胡汉利　陕西省住房和城乡建设厅副厅长
成　员：刘景升　陕西省住房和城乡建设厅房地产市场监管处处长
　　　　陈　发　陕西省住房和城乡建设厅住房改革与发展处处长
　　　　殷赞乐　陕西省住房和城乡建设厅住房保障处处长
　　　　李玲燕　陕西省房地产业发展研究中心副主任
　　　　刘　卉　陕西省住房和城乡建设厅房地产市场监管处一级调研员
　　　　张漫岭　陕西省住房和城乡建设厅住房改革与发展处二级调研员
　　　　康保林　陕西省住房和城乡建设厅房地产市场监管处四级调研员
　　　　刘　佳　陕西省住房和城乡建设厅房地产市场监管处科员
　　　　郭晓彤　陕西省房地产业发展研究中心博士后

著作编撰人员：郭晓彤　刘晓君

前　言

  自从2003年国务院将房地产业确立为国民经济支柱产业以来，政府在住房领域的关注重点长期集中于新房建设和销售，城镇居民解决住房问题的途径也基本固化为住房购买形式。地方土地财政依赖、投资投机需求旺盛使得大中城市房价过快、过高上涨，市场购房支付能力不足成为亟待解决的民生问题。虽然2008年政府开始大规模供应的保障性住房一定程度上缓解了高房价和青年群体收入不匹配的难题，但住房租赁市场长期处于缺乏管理体制机制、政策引导、规划定位的无序发展状态，租赁作为市场配置住宅的两种基本实现形式之一，没能使住房资源得到更有效率的利用，一定程度上加剧了城镇住房市场中供需错位、市场失灵、泡沫明显等问题。

  新时代推进西部大开发形成新格局的战略下，陕西省将发挥丝绸之路经济带重要通道、节点作用，全省各地市、尤其是西安地区，区域发展定位也将进一步提高。当前大西安地区面临着多重叠加的重大历史机遇，国家中心城市、国际门户枢纽城市、内陆改革开放高地、具有历史文化特色的国际化大都市、"一带一路"等重大国家战略的实施，吸引各类资源不断向西安及周边地区聚集。"十三五"期间西安市常住人口由2016年的883.21万人迅速增长至2019年的1020.35万人，增幅约为15.5%，增幅略高于杭州并远高于南京、武汉、成都。在新毕业大学生、本地农业转移人口、异地城镇化人口、引进人才等大量外来人口的涌入下，如何高效、分层次地承接各类人口住房需求成为陕西省住房供给领域亟须解决的重要问题。

  当前，城市青年群体是住房矛盾最为集中的群体，大城市流动人口及新市民中新毕业大学生、新就业职工等青年群体比例较高，这类人群面临着住房难、住房贵的问题。合理引导青年群体，尤其是"应租未租"青年群体理性选择租赁住房消费，建立合理的住房消费观，有助于缓解青年群体住房压力，提升城市发展活力和可持续发展水平。然而，当前住房租赁领域存在两项主要矛盾：一是在高房价的背景下，城市青年群体住房租赁比率却较低，部分购房能力不足青年群体的住房需求错配至销售市场，不仅加剧了房地产市场需求大于供给的失衡，更是对"应租未租"群体的其他生产生活合理消费产生了挤出效应，降低了可持续发展能力；二是引导城市青年群体选择租赁消费的已有政策体系尚不完善，引导政策的适配性、有效性不足，干预政策对于青年群体"先租后买、梯度消费"住房观念和行为的驱动程度不足。因此，① 驱动城市青年群体住房租赁行为的关键因素为何？② 城市青年群体住房租赁行为的驱动机理为何？③ 当前已出台住房租赁政策与实际的政策需求是否匹配？④ 应该采用何种引导政策补足当前政策体系短板？最终实现城市青年群体住房租赁"意愿—行为"提升，促进住房消费形式的合理选择，成为亟须破解的难题。

基于此，本系列丛书的第五册以陕西省城镇青年群体住房租赁需求形成机理及驱动政策为主题，遵循"提出问题—理论分析—质性研究—实证研究—政策优化—解决问题"的技术路线，从需求端出发，以城镇青年群体住房租赁行为作为研究对象，综合运用行为学、心理学、经济学、网络科学、演化算法等基本理论与方法，围绕租赁行为驱动因素挖掘、驱动行为机理分析、已有引导政策缺陷挖掘和干预政策优化展开研究。

本书包含4个主要研究内容：

(1) 城市青年群体住房租赁行为重要影响因素挖掘。利用半结构化深度访谈和微博文本爬虫技术（无干扰采样）收集数据，建立与城市青年群体住房租赁消费行为主题相关，且兼具传统样本属性和大数据属性的质性分析资料库。基于扎根理论思想，对质性资料进行开放性编码、主轴编码和选择性编码，经过理论饱和度检验，得出主范畴以及范畴间的关系。基于复杂网络理论方法，以住房租赁影响因素研究文献具有统计显著性的结论为文本数据，搭建"研究文献—影响因素—研究对象"三个维度的共现网络，基于网络密度、网络中心势等指标挖掘高质量文献中与住房租赁消费相关的影响因素，并对质性分析中得出因素及因素间关系进行验证和修正。

(2) 城市青年群体住房租赁行为驱动机理分析。基于内容1中根据质性资料挖掘并经过文献网络法修正的6项重要范畴——社群影响、制度因素、感知风险、感知易用性、效能感知、个人特征，借鉴行为学领域综合型理论UTAUT模型，增加住房租赁消费经验调节变量、住房租赁消费意愿和住房租赁实际消费行为内生变量，构建包含9个变量、25个子范畴的城市青年群体住房租赁消费行为驱动机理模型。根据理论模型中的9项潜变量，通过设置外显变量开发调查量表，并以西安市为例展开调研，采用结构方程模型处理数据结果，对潜变量之间及调节变量与路径之间的关系进行假设验证，得到假设检验结果、中介效应结果、调节效应结果，最终得到较高拟合度的修正模型。

(3) 住房租赁政策评价及政策供需匹配分析。依据政策文本计量理论，以31个住房租赁市场国家级试点城市2015—2020年出台的共计约400份政策文件全文为原始数据，通过搭建政策文本语料库提取4类节点——政策目标、政策工具、利益相关主体、施策主体，以构建四维政策供给网络。在驱动城市青年群体租赁行为的关键因素及机理研究的基础上，分析出有效的政策需求点，并抽象为政策工具需求节点、政策目标需求节点、施策主体需求节点和利益相关主体需求节点。利用政策供给网络和政策需求节点，建立基于政策网络的住房租赁引导政策供需匹配评价模型，利用网络分析指标，探寻这些政策需求节点集合在四维政策供给网络中的匹配特征和匹配程度，并挖掘住房租赁政策的演化特征。

(4) 城市青年群体住房租赁引导政策优化设计。以政策工具组合为视角，将协同政策设计过程抽象为高维多目标优化问题。基于行为机理和政策匹配评价得出的政策缺位点，又兼顾本研究建立的高水平公共政策数据库的特征挖掘，设置税费优惠、目标规划等 8 项具体政策工具作为决策变量。基于租赁住房制度发展现状和公共政策理论，提出提升住房租赁消费社会氛围、增强政策前瞻性等 6 项政策目标作为目标变量。以政策评价权威文献和专家观点作为数据来源计算权重等参数，确定目标函数及约束函数系数，从而构建符合实际的租赁引导政策组合多目标函数。此外，本书提出一种基于 Pareto 支配关系的两阶段进化高维多目标优化算法，以解决协同政策设计过程中高维多目标函数的求解问题，并得出租赁引导政策集中各项工具的最优强度。

　　本书是基于深度访谈、问卷调查、舆情数据及公开政策数据的统计和分析而成，数据权威、资料丰富、统计科学、分析翔实。感谢陕西省住房和城乡建设厅给予的支持与帮助，也感谢项目课题组成员长期以来的辛勤耕耘及对本书的重要贡献。本书编委会期待各界领导和朋友能够继续关心我们的发展，并对我们的工作提出宝贵建议。

目　　录

一、绪论 ··· 1
　（一）研究背景与问题提出 ··· 1
　（二）研究意义 ·· 2
　（三）文献综述与理论基础 ··· 3
　（四）研究内容及技术路线 ··· 14
　（五）小结 ·· 16

二、城市青年群体住房租赁行为影响因素分析 ······························ 17
　（一）质性研究设计 ·· 17
　（二）质性资料收集 ·· 23
　（三）质性资料处理与关键因素挖掘 ······································· 27
　（四）小结 ·· 34

三、城市青年群体住房租赁行为驱动机理分析 ······························ 35
　（一）住房租赁行为驱动机理模型构建 ···································· 35
　（二）住房租赁行为影响因素测度量表设计及数据收集 ·············· 40
　（三）调研数据数据信效度检验 ··· 44
　（四）模型实证结果 ·· 50
　（五）小结 ·· 59

四、住房租赁政策评价及匹配分析 ·· 61
　（一）基于政策网络的住房租赁引导政策供需匹配模型搭建 ········ 61
　（二）住房租赁政策目标供需匹配分析 ···································· 75
　（三）住房租赁政策工具供需匹配分析 ···································· 82
　（四）住房租赁政策施策主体供需匹配分析 ····························· 90
　（五）住房租赁政策利益相关者供需匹配分析 ·························· 95
　（六）小结 ··· 102

五、住房租赁行为协同引导政策优化设计 ··································· 103
　（一）住房租赁引导政策设计的基本元素 ······························ 103
　（二）住房租赁行为引导政策多目标建模 ······························ 107
　（三）基于多目标优化思想的协同政策设计算法 ····················· 112
　（四）住房租赁行为引导多目标问题求解 ······························ 120

（五）城市青年群体住房租赁消费的政策引导与建议 …………………… 124
　　（六）小结 ………………………………………………………………… 125
六、研究结论 ………………………………………………………………… 127
　　（一）研究结论 …………………………………………………………… 127
　　（二）主要创新点 ………………………………………………………… 129
　　（三）研究局限与展望 …………………………………………………… 130
参考文献 …………………………………………………………………………… 131

一、绪　　论

（一）研究背景与问题提出

自 2003 年国务院将房地产业确立为国民经济支柱产业以来，政府在住房领域的关注重点长期集中于新房建设和销售，城镇居民解决住房问题的途径也基本为住房购买。地方土地财政依赖、投资投机需求旺盛使得大中城市房价过快、过高上涨，市场购房支付能力不足成为亟待解决的民生问题。虽然 2008 年政府开始大规模供应的保障性住房一定程度上缓解了高房价和青年群体收入不匹配的困境，但住房租赁市场长期处于缺乏管理体制机制、政策引导、规划定位的无序发展状态，租赁作为市场配置住宅的两种基本实现形式之一，没能使住房资源得到更有效率的利用，一定程度上加剧了城镇住房市场中供需错位、市场失灵、泡沫明显等问题。当前，城市青年群体是住房矛盾最为集中的群体，大城市流动人口及新市民中新毕业大学生、新就业职工等青年群体比例较高，这类人群面临着住房难、住房贵的问题。合理引导青年群体，尤其是"应租未租"青年群体理性选择租赁住房消费，建立合理的住房消费观，有助于缓解青年群体住房压力，提升城市发展活力和提高可持续发展水平。

近年来，国家逐步关注住房租赁市场的培育和发展，意愿弥补住房市场供应体系中的"租赁短板"。自 2015 年住房和城乡建设部出台《关于加快培育和发展住房租赁市场的指导意见》（建房〔2015〕4 号）以来，国家层面又陆续出台了相关政策，以期从供给主体、供给渠道、供给类型、市场管理等方面进一步细化住房租赁市场的发展路径，如《关于在人口净流入的大中城市加快发展住房租赁市场的通知》（建房〔2017〕153 号）、《六部门关于整顿规范住房租赁市场秩序的意见》（建房规〔2019〕10 号）等。值得注意的是，2020 年 10 月，《中共中央关于制定国民经济和社会发展第十四个五年规划和 2035 年远景目标的建议》中提到"探索支持利用集体建设用地按照规划建设租赁住房，完善长租房政策"，进一步奠定了租赁住房及住房租赁市场在我国住房供应体系中的重要地位。通过健全、完善的住房租赁市场满足、引导新建商品住房市场中的部分需求，稳定房地产市场价格，能够实现"房子是用来住的，不是用来炒的"目标，可有效构建房地产市场平稳健康发展的长效机制，使住房租赁市场在加快建立多主体供给、多渠道保障、租购并举的住房制度中发挥重要作用。与此同时，我们应该清醒认识到，我国住房租赁市场处于初级发展阶段，还存在许多突出矛盾：

（1）我国在高房价的背景下，住房租赁比率却较低。根据西南财经大学中国家庭金融调查与研究中心发布数据显示，当前我国城镇家庭住房租赁比率约为10%，远低于全球住房租赁率平均水平30.4%，更是低于美国（36.4%）、英国（36.5%）、日本（35.1%）、德国（48.1%）等发达国家[1]。而OECD数据库显示，近5年，美国、英国、日本等房价收入比均呈下降态势，其中日本降幅最为明显。发达国家"高住房租赁比率、低房价收入比"与我国"低住房租赁比率、高房价收入比"形成鲜明对比。这说明我国应有效释放、稳定租赁住房需求，引导居民形成量力而行的住房观，避免住房消费者背负巨大经济、心理压力[2]；同时也可减少购房对其他消费的"挤出效应"，进而减轻由于"挤出效应"传导机制带来的，房地产业对实体经济的抑制程度[3]。

（2）住房租赁市场政策体系极不完善。2016年以来中央及各省市政府出台的与住房租赁引导相关的政策中，存在地方政府盲目照搬中央政策内容、没能充分贯彻"因地制宜"原则，环境型政策过溢，供给型政策结构失衡，需求型政策使用不足等问题[4,5]。此外，德国、日本、美国等发达国家在法律保障、开拓租赁房源、保护承租人利益、发放租赁补贴、租金管控等鼓励住房租赁市场发展的关键作用点都有完备的政策体系，相较于我国的住房租赁引导政策，均从实施主体、实施对象、奖惩措施等方面形成了较为完整的"实施细则"，可有效提高住房租赁市场发展效率。

我国住房租赁市场虽作为房地产存量市场重要组成部分已长期存在，但政府和学界的关注才刚刚开始，且政策的实践已领先于理论的探讨，政策制定缺乏理论支撑。因而，探寻驱动城市青年群体住房租赁行为的因素，构建驱动机理，挖掘当前政策供给与政策需求间的错配之处，进而设计、优化住房租赁引导政策，实现城市青年群体租赁行为、意愿的有效提升，是当前应该关注的问题。

（二）研究意义

1. 理论意义

（1）城市青年群体住房租赁行为驱动是一个复杂的过程，厘清驱动租赁行为重要因素、因素间交互关系以及不同因素对"意愿—行为"过程的作用强度，是有效引导住房租赁消费行为的前提条件。基于实证分析，笔者探究城市居民住房租赁行为的关键驱动因素，构建并检验租赁行为驱动机理模型，为制定住房租赁消费行为引导政策提供了理论支撑。

（2）基于复杂网络理论和政策文本计量理论搭建的"工具—目标—部门—相关者"四维政策网络，一方面可以基于单个政策网络分别刻画政策工具、政策目标、施策主体、利益相关者的演化特征和关键节点，另一方面更能挖掘不同属性政策网络间的耦合关系及节点的跨网络互动关系，为住房租赁政策领域提供具有系统性的政策评价模型。

（3）住房租赁引导政策工具最优化组合的定量化政策设计模型，促进了计算机科学、复杂网络科学、政策科学等多学科的交叉应用，是对住房政策设计领域研究范式的拓展。

2. 现实意义

（1）有助于推进住房资源配置从新建供给转向存量盘活。当前我国住房供应体系增量存量系统互动不畅、调节不良，其本质原因是租赁消费不足，部分应租未租群体的租赁消费未能有效释放，进而无法实现需求牵引供给，使得住房存量、增量未能高效互动。本书在挖掘出住房租赁行为驱动机理的基础上，针对性地设计住房租赁引导政策，有助于补齐需求端政策支持体系。

（2）有助于为青年群体提供精准化的租赁住房支持。城市青年群体是租赁住房消费的主要意愿群体或行为群体，通过合理搭建租赁引导政策体系，满足城市青年群体租赁住房居住、服务等各方面需要，可有效释放、稳定其租赁需求，破解青年群体应租未租的困境。进而使得住房租赁市场与增量市场协调发展，建立房地产市场平稳健康发展长效机制，实现全体城镇居民住有所居。

（三）文献综述与理论基础

1. 相关理论基础及模型

（1）计划行为相关理论

本书在城市青年群体住房租赁行为驱动机理构建过程中，在扎根分析获取重要影响因素的基础上，结合计划行为相关理论模型对驱动机理进行分析和建构。根据 Ajzen（1991）[6]提出的定义和内涵，计划行为理论（Theory of Planned Behaviour，TPB）表明，人们在大多数情况下的行为可以通过意愿、态度、主观规范和行为控制来解释和预测，见图 1-1。该理论将意愿定义为一个人准备执行给定行为的一种认知表征，意愿被认为是行为的直接前因，参与一项特定行为的意愿可被理解为态度、主观规范和感知行为控制三项变量组成的函数。其中，对于行为的态度（Attitudes）是指个人对其行为正面或负面感觉、评价；主观规范（Subjective Norms）为执行或不执行一项行为时感知到的社会压力；感知行为控制（Perceived Behaviour Control）是指个人依据能力和资源（如信息、时间和金钱）对某项行为的自我评估能力。如果一个人相信执行某项行为会导致大部分积极成果，那么将对某项行为持良好态度。自 Ajzen 提出以来，TPB 理论已在各个学科中被广泛应用于相关行为的探索[7]，减少了理性行为理论在人们无法完全控制意志的行为解释方面的局限性[8]。

技术接受模型[9]（Technology Acceptance Model，TAM）的提出是为了表征个体对

目标技术的内在认知,包含感知有用性和感知易用性两个维度,其观点在于使用者对有用性和易用性的感知会显著影响个体对技术的使用态度,进而作用于使用行为,见图1-2。任务技术适配模型[10](Task-Technology Fit,TTF)的出现是为了衡量个体或组织的工作目的与相关使用技术的适配性,其主要关注点在技术使用对任务需求的支持程度,而非用户对技术的感知。

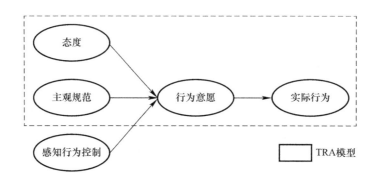

图1-1 TPB与TRA理论模型

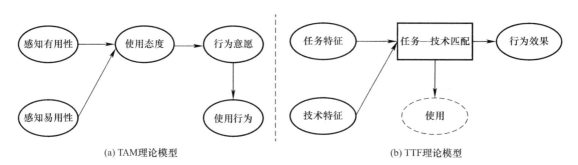

(a) TAM理论模型　　　　　　　　(b) TTF理论模型

图1-2 TAM与TTF理论模型

2003年,Venkatesh针对计算机信息系统接受度研究领域,综合各类典型行为理论和观点构建了UTAUT理论模型(Unified Theory of Acceptance and Use of Technology)。以影响使用者认知轨迹的各项因素为主要视角,探讨个体及组织对技术接受的决策过程。UTAUT模型是由理性行为理论、技术接受模型、动机模型(Motivation Model,MM)、计划行为理论、组合技术接受模型和计划行为理论模型(Combined TAM and TPB)、计算可用性模型(MPCU)、创新扩散理论(Innovations Diffusion Theory,IDT)、社会认知理论共8个行为认知经典理论及模型整合而成,其作用是以影响使用者认知轨迹的各项因素为主要视角,探讨个体及组织对技术接受的决策过程。UTAUT模型自提出以来被学者在不同领域应用及优化,不仅是新型技术接受相关研究,也包含消费者行为[11]、清洁能源支付意愿[12]、投资决策行为[13]、慈善行为[14]等多领域的社会科学研究问题。UTAUT模型包含核心变量和调节变量两类,且后者对前者有显著影响,核心变量为绩效期望、努力期望、社会影响、促成因素、使用意愿和使用行为,调节变量为性别分别、年龄层次、使用自愿性和使用经验，见图 1-3。努力期望表明使用技术所要付出的努力程度；绩效期望表明个体感知到使用此技术、产品等对实际工作生活的提升作用；社群影响表明新技术、新产品使用与否、接受与否受到工作环境、生活环境中存在社交关系的群体的影响；促成因素是一个灵活变量，不同的技术类型、产品类型会存在具有差异性、独特性的促成因素，使用意愿是个体对使用此技术、产品等的主观意愿程度；使用行为是个体对此技术、产品等的具

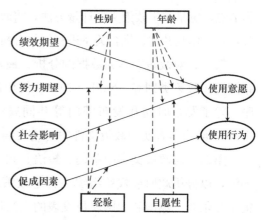

图 1-3　UTAUT 理论模型

体使用程度、使用习惯等。性别、年龄、经验、自愿性为调节变量，且学者们还在不断地补充当中。与当前其他认知行为模型相比，UTAUT 模型在解释消费者接受影响因素、影响路径方面比其他各类模型更为完整和准确，因而 UTAUT 及其扩展模型 UTAUT2 等系列模型被认为是用户接受领域的基准模型，被学者们广泛认可为解释和预测个体、群体、组织对于新事物接受、使用意愿和行为的优越理论工具[15]。

（2）政策网络理论

政策网络理论是在政策科学和复杂网络科学的交叉过程中发展起来的，本书考虑到政策网络在政策特征提取中的系统性和全面性优势，考虑利用政策网络理论建立住房租赁政策的评价模型。政策网络理论（Policy Network Theory）是聚焦于政策决策和实施过程中，多样且相互独立的政府以及其他行为者之间的正式或非正式的联系，全部主体在网络中都可共享收益[16]，其抽象关系可见图 1-4。而在本书中，政策网络的概念被扩大，不仅以政策相关者

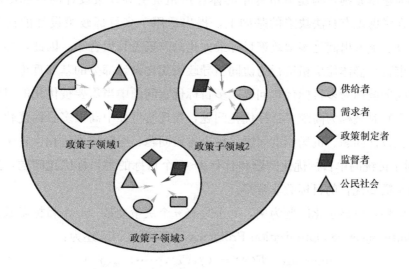

图 1-4　政策网络理论中行动者及其交互关系

为节点，更是基于政策文本计量方法，将政策文本中涉及的政策目标、政策工具等元素作为节点，利用其共现、耦合关系进行网络分析。政策网络的构建和分析包含以下几个方面：

第一，对政策文本元数据的分析。最常见的政策文本元数据是政策发布时间、政策发布部门、政策类别等。Saidi（2017）使用政策流理论框架探索了政策框架变更的时间顺序，除了发布时间和发布部门等共同属性外，还进行了基于政策文件参考、引用的分析[17]。部分学者使用政策文件中对论文结论的引用来衡量研究的社会影响程度[18-19]。

第二，对政策文本中单词、短语、句子语言元素的分析。一些学者关注政策文件中的词汇，以分析政府或权威组织在特定政策问题上的态度和立场。例如，Laver（2003）收集了爱尔兰、英国和德国议员发表的立法讲话记录，提取了关键词并对其进行编码和频率统计，以描绘议员的政策立场[20]。Chowdhury（2017）在选定的4份联合国文件中计算了政策术语出现频率，据此对可持续发展进行主题分析[21]。此外，还有研究通过分析短语、句子的语言风格和情感偏好得出公共政策的态度和取向。Bhatia（2006）分析了双边会议的公报文件，发现这些文档中存在肯定性语言、说服性语言和回避性语言[22]。

第三，对政策文本整体语义的分析。政策文件的语义分析包括主题分析、关键词识别以及特定模式或概念的识别等。Huang（2014）收集了4000多项科技政策，并使用从政策文件词库中选择的2~6个关键词来标记每个政策的主题，并使用共词分析法绘制了这些S&T政策的主题[23]。Edwards-Schachter 和 Wallace（2017）根据包括政策报告、论文和书籍在内的公开文本数据，考察了社会创新概念化的演变[24]。

（3）多目标优化理论

在本书中，尝试引入多目标优化的思想，以多项政策目标尽可能同时达到最优或近似最优的状态为建模原则，构建城市青年群体住房租赁引导政策设计的目标函数和约束函数。此后，在考虑现有算法缺陷的基础上，提出适用于多目标政策设计的优化算法。进而，利用该算法求解出满足多项政策目标最大化的政策工具组合集。因此，多目标优化理论是本书城市青年群体住房租赁行为协同引导政策优化设计部分的基底理论。含有多个目标的最优化问题被称为多目标优化问题，多目标优化问题中当需要被优化的目标数在4个以上（含4个）时被称为高维多目标优化问题，在现实世界中高维多目标优化问题广泛存在，例如工程设计问题、机场调度问题、护士排班问题、车辆控制优化、自来水供应规划等[25]。不同于传统的单目标优化问题和具有2~3个目标的多目标优化问题，这些优化问题主要特点是需要优化的目标数非常多。

不失一般性，以最小化问题为例，一个具有 n 个决策变量，m 个目标函数的多目标优化问题（Multi-objective Optimization Problems，MOPs）可表述为：

$$\begin{aligned} \text{minimize} \quad & F(x) = (f_1(x),\cdots\cdots,f_m(x))^{\mathrm{T}} \\ \text{subject to} \quad & x \in \Omega \end{aligned} \quad (1\text{-}1)$$

其中，$x \in \Omega$ 是决策向量，Ω 是决策空间，$F:\Omega \to R^m$ 由 m 个实值目标函数组成，R^m 是目标空间，可行目标集被定义为集合 $\{F(x)|x \in \Omega\}$。

使 $u, v \in R^m$，对于任意的 $i \in \{1, \cdots\cdots, m\}$，满足 $u_i \leq v_i$，并且在至少一个目标上满足 $u_j < v_j$，$j \in \{1, \cdots\cdots, m\}$，称 u 支配 v。给定 R^m 中的一个集合 S，S 中的一个解如果被称为非支配解，那就表示在集合 S 中没有其他解可以支配他。如果 $x^* \in \Omega$，在相应的目标集上 $F(x^*)$ 是非支配的。那像 x^* 这样的解组成的集合被称为 Pareto 最优解集（Pareto Solution，PS），相应的 $F(x^*)$ 组成的集合被称为 Pareto 前沿（Pareto Front，PF）。

定义 1（理想点 Z^*）：
$$Z_i^* = \min_{x \in PS} f_i(x), i \in \{1, \cdots\cdots, m\} \tag{1-2}$$

定义 2（Pareto 极值点 B）：
$$B_i = \max_{x \in PS} f_i(x), i \in \{1, \cdots\cdots, m\} \tag{1-3}$$

定义 3（边界解 PCS）：对于一个具有 m 个目标的多目标优化问题，对于 Pareto 最优解集而言，如果一个解能够满足最小化 k 个目标（$k<m$），并且最大化其他目标，这样的解被称为边界解。

演化算法作为一个经典的基于种群的启发式算法，能够在一次运行就得到一组解，具有解决多目标优化问题的先天优势。由于这一特性，最近 20 年以来多目标演化算法（Multi-objective optimization evolutionary algorithm，MOEA）取得了长足的发展[26]。然而，对于目标数量超过 3 个的高维多目标优化问题（Many-objective optimization problems，MaOPs），多目标优化算法的性能往往会急剧下降，因此，高维多目标优化问题近些年受到了广泛关注。

传统多目标优化算法在高维多目标优化问题中存在的困难可以从收敛性和多样性方面总结为以下两点：一是选择压力的丢失：选择压力是指种群向真实 PF 收敛的压力。由于在高维目标空间中，大部分的解互相之间都是非支配的，因此使用解之间的支配关系来选择解的策略将会面临选择压力丢失的困难。图 1-5 给出了随着目标数量的增多随机产生的解为非支配的比例，从图 1-5 中可以看出在目标数量增加时，绝大部分的解都成为非支配的。二是多样性保持困难：一般来说，大多数多目标连续优化问题的 PF 是分段连续的，因此不可能得到所有的 Pareto 最优解。实际的算法设计中通常得到一组均匀分布的具有代表性的解集，以此来模拟 PF。当目标数量是 2 或者 3 时，问题的 PF 是一维的曲线或者二维的曲面，保持其多样性较为直观。随着目标空间维度增加，种群中有限个解之间分布较为稀

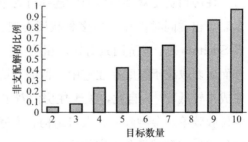

图 1-5　不同目标数下初始解中的非支配解比例示意图

疏，这使得在低维空间中常使用的多样性保持策略在高维多目标优化算法中失效，例如在经典的多目标优化算法 NSGA-Ⅱ[27]中使用的拥挤度距离排序。

为了提高传统多目标演化算法在高维多目标优化问题中的性能，学者们提出了大量的改进方法[28]。这些方法大体可以分为三类。第一类方法通过改进支配关系提高算法在高维多目标优化问题上的收敛性能。由于支配关系在高维上将失去选择压力，最直观的改进方法就是修改原有的支配关系以提高收敛性能。这类修改支配关系的方法包括 ε-支配[29]，L-最优化[30]，混合支配[31]等。有学者提出了一种基于格子的高维多目标优化算法，利用格子支配来改善基于支配算法的收敛性能。第二类是基于分解的方法。这类方法将一个复杂的多目标优化问题分解为多个单目标优化问题，并分别解决这些单目标问题实现对多目标优化问题的求解[32]。这类算法首先生成一组在目标空间均匀分布的参考向量，每个向量对应着一个子问题且每个子问题维护着一个最优解。对每个子问题，通过聚合函数值选择最优解。由于聚合函数值比支配关系对解的选择压力要大，因此基于分解算法的收敛性能好于基于支配的算法。此类算法的多样性可通过其在目标空间均匀生成的一组参考向量得到保持。第三类是基于指标的方法。这类方法通过一个指标值来评价一个解，而不是多个目标值。具有代表性的算法有 IBEA(Indicator-Based Evolutionary Algorithm)，SMS-EMOA (SMS-Evolutionary Multiobjective Optimisation Algorithms)，HypE(Hypervolume-Based Search Algorithm) 等。

2. 住房消费选择行为影响因素的相关研究

住房租赁是众多住房消费选择行为中的一种，学者们总结的其他方式还有自有、自有多套、租赁同时自有[33]等多种权属类型。住房消费选择相关的研究起源于1968年美国学者 Shelton 关于经济因素对住房租购选择干预程度的测度，并得出"住房消费选择在经济方面主要取决于家庭在住宅中居留的预期持续时间，短期而言，租赁有利，长期来说，自住成本较低"[34]。自此，关于住房消费选择的研究大量出现，各国学者随着本国不断变化的税收政策、金融政策、人口结构、家庭结构等持续更新研究，使得住房消费选择成为城镇住房研究领域经久不衰的话题，其中以美国的研究开始最早、文献最多，澳大利亚、英国的探讨也较多，此外，有关中国住房消费选择的研究或中国学者开展相关研究从 20 世纪 90 年代陆续起步。

（1）与住房消费选择相关的研究

住房消费选择不是简单的投资或消费决策，而是复杂系统事件。住房消费选择研究发展之初的 20 世纪 80 年代，以美国学者 Henderson 和 Ioannides 为代表的学者认为收入、资产、房价与租金的相对价格是影响租赁消费的最重要因素[35-39]。纵观住房消费选择行为影响因素或决定因素的众多研究，可基本概括为微观经济因素、宏观经济环境、人口统计特征、家庭生命周期事件、心理因素、文化因素等。从经济学视角来看，微观经济因素可细分为居民收入的不确定性、家庭储蓄、信用状况、家庭可流动的净财富等[40-42]，宏观经济环境变化包括消费品价格上涨、抵押贷款利率上升、补贴制度、租金管制等[43-47]。从社会学角度看，人口统计特征可细分为年龄、性别、婚姻状况、户主教育程度、劳动人口数量等[48-49]，家庭生命周期的触发事件可细分为婚姻状况转变、抚养子女等[50]，父母住房权属对子女的代际影响也是不可忽略的[51-52]。从心理学角度来看，个人主观因素可能对住房消费产生重大影响[53]，倾向于购买而非租赁与支配住宅的欲望有关[54]，也有学者利用TPB模型解释购房态度与购房行为之间的作用关系[55]。此外，文化因素对住房消费选择的影响表现为民族文化差异[56-57]、对居留地文化的接纳程度[58-59]、宗教信仰差异[60]等。租赁消费也具有国家和城市间的差异，主要受到宏观经济发展阶段、住房市场发展程度、住房金融政策差异、租赁保护程度等影响。

（2）住房消费选择研究方法的发展

由于住房消费选择为离散变量，住房消费选择行为影响机制、机理的主流研究方法为计量经济学中的Logit回归。早期以二元Logit回归（租赁、自有）为主，随着对权属的不断细分，逐渐发展为多元Logit回归（MNL，例如自有、租赁大、中、小型住宅），又由于租赁消费影响因素的探讨范围不断扩大，学者们希望剔除某几种因素而专注于论证某一因素的影响程度，因而对嵌套Logit模型（NL）的应用日益广泛。此外，还有学者使用两阶段工具变量（IV）Logit和Probit模型[61]、Split Population Duration（SPD）model[62]、Cox's proportional hazards models[63]、动态效用最大化模型（Dynamic Utility Maximization Model）[64]、动态随机效应联立方程模型（Dynamic Random Effects Simultaneous Equation Model）[65]、动态离散选择模型[66]、Ordered Probit模型[67]、贝叶斯网络模型[68]、ISM模型[69]、Heckman模型[70]、层次广义线性模型（HGLM）[71]、分解方法[72]、有线混合回归[73]等。

（3）住房消费选择的国内外研究对比

基于文化背景、意识形态、经济制度、发展阶段的差异，在人口和经济的基本因素研究之外，我国与美国、澳大利亚、瑞士等国家在住房消费选择影响因素方面的研究关注点各有侧重。其他国家相关研究的关注点各有不同，①西方发达国家的外国移民较多，因而有研究探寻移民人群的住房消费选择问题以及移民原始国籍带来的选择差异性。例如：第一代移民与第二代移民在住房自有率方面的差异[74]；收入对美国移民家庭住房消费选择的影响程度[75]；移民群体与澳大利亚北欧三国首都地区当地居民在住房消费选择决定因素方面的差异[76-77]；儿童数量与移民家庭住房自有选择弱正相关关系的原因探究[78]。②种族多样性是西方国家社会属性的重要表现，不同种族间住房消费选择差异以及如何提高少数民族群体住房自有比率也是热点研究议题。例如：不同年龄阶段种族差异对个体住房消费选择影响的变化[79]；新西兰两个主要种族群体的住房自有率差异分解研究[80]；尼日利亚基于种族资格的土地获得权对居民住房权属选择的影响测度[81]。

我国相关研究的关注点：我国城镇居民住房消费选择的研究伴随着福利住房、住房商品化、住房市场化等住房制度改革的重要节点。针对我国的实证研究最早可以追溯到1994年，台湾学者林祖嘉利用联合估计方法分解台湾地区家庭特征对住房租赁需求的影响[82]；而大陆地区虞晓芬教授团队进入此领域较早，2007年探讨了收入、户主年龄、住房面积等因素对住房消费需求弹性的影响[83]。与国际相关研究相比，我国学者多是围绕本地城镇户口、工作单位性质等户籍、经济制度对租赁消费带来的影响展开讨论。随着我国"三个一亿人"战略不断深化、新型城镇化不断推进、城市群发展效果不断显现，流动人口比率与历史相比大幅增长，流动人口在居留地的住房问题关注度日益增强。近3年，流动人口特别是进城务工人员的住房消费选择研究较多，例如：中小城市进城务工人员住房消费现状及决定因素研究[84]，农村移民进城务工人员在居留地住房自有率的性别差异研究[85]，公租房共有产权背景下外来务工人员住房消费选择研究[86]，住房制度改革时期（1989—2011年）居民住房消费选择影响因素的作用程度变化研究[87]，住房消费选择行为在城市精英、本地平民和低收入群体间的异质性[88]。关于户籍、社会融合对流动人口住房消费选择的作用研究，还有胡国平[89]、何兴强[90]、陈杰[91]、张路[92]、高波[93]等学者，在此不一一赘述。此外，也有少量学者关注房地产市场调控政策对居民住房消费选择的影响[94]。

3. 住房租赁政策评价的相关研究

当前我国正处在住房租赁市场培育和发展的初级阶段，有关租赁市场政策的研究正在起步，近年来学者们发表的租赁市场政策评价研究有"主导主体—土地使用权—运营性质"维度下北京市3种典型的集体土地建设租赁住房试点差异性研究[95]，住房租赁政策PMC指数量化评价模型[96]，集体建设用地建设租赁住房试点方案文本比较研究[97]，住房租赁政策在省级（自治区/直辖市）和市级政府间的政策扩散过程和逻辑[98]，"政策工具—产业链"下住房租赁市场政策二维分析框架[99]。本书对更广泛的、讨论更多的相关研究范围，包含住房政策评价领域和房地产调控政策评价领域进行梳理，以期从中获得本研究主题的文献基础。

（1）关于住房政策评价研究范式的探讨

住房政策评价的研究范式基本是从微观经济层面的计量分析（例如公众满意度视角[100]）、宏观或者总体效果分析（例如金融和土地政策对我国房地产供需和价格的调控效果[101-102]、我国住房政策运行效率研究[103]）、定性分析（例如基于政策评论文本的新加坡最新住房政策评价[104]、基于从业人员深度访谈资料的我国房地产市场供给政策评价[105]）三方面开展的。后来集中了学者们的政策评价要素观点，提出了五项标准，即效率、有效性、公平性、可管理性、合法性和政治可行性[106]。

(2) 关于房地产调控政策评价方法的探讨

我国关于房地产调控政策的效果评价研究较多，2011 年之前此类研究多集中于单向调控政策在遏制房价方面的效果或房地产调控政策的总体效果，其中对调控总体效果的研究中使用最多的是定性分析和简单的指标评判法，科学准确的定量分析方法相对欠缺[107]。之后，房地产调控政策总体效果分析的相关研究向定量化发展，如建立基于购房群体感知调查的调控效果模型[108]、基于脉冲响应函数和方差分解的房地产调控政策和房地产市场之间的动态关系分析[109]、建立房地产市场相关主体网络搜索数据与房地产调控政策有效性间的关系框架模型[110]、采用因子分析、结构性向量自回归模型（SVAR）建立包含政府、市场和民生 3 个层面的我国房地产市场政策综合评价体系[111]等。

(3) 关于其他公共政策评价研究对住房租赁引导政策评价的借鉴

租赁市场相关政策的目的是通过提高市场运行、发展效率及健康程度，从而提升我国住房资源配置整体效率，优化城镇住房供应结构。因而可将公共政策研究领域的相关理论作为理论基础，住房租赁市场发展政策评价或评估研究可借鉴公共政策评估的研究范式和思想。例如：余芳梅（2012）在综述西方国家公共政策评估研究时提到"价值判断是政策评估的基础、评估方法向强调利益相关者参与的自下而上方向发展"[112]。李强（2018）在评析科技政策评价方法时，分别从社会学、统计学、经济分析法、文献计量法 4 个进行总结和评价，并提出"科技政策评价理论与方法之所以涉猎广泛、内容众多，不仅是研究内容具有跨学科性，还因为要考虑决策者、管理者、执行者的相互作用关系，以及考量基于国情、文化、传统习惯等方面的问题背景和政策适用条件"[113]，一定程度上我们也可充分借鉴科技政策评估的方法论，住房政策评价主要集中于统计学，其他三类评价方法未来可相结合地发展。创新政策评价多采用政策工具分析方法，从供给、需求、市场环境等方面总结政策工具，通过评价各类政策工具之间的协调性、互补性的角度展开政策评估研究[114-115]；对于住房租赁市场的政策评价和政策设计，一方面可以采用政策工具分析评价现有政策，另一方面可以基于居民住房租购选择行为机理研究，设计有效释放居民合理租赁住房意愿的相关政策。此外，源自医学领域药物治疗效果的随机对照试验（Randomized Controlled Trial，RCTs）也可考虑用于住房政策正式实施之前的评估研究中[116]。

4. 住房租赁协同引导政策设计的相关研究

协同政策的基本内涵是基于具体政策工具归属划分的各个实施部门之间在政策设计、发布、作用、调节、退出全过程中相互协作，产生最大化的治理效力，尤其是针对涉及面广的公共问题，搭建同一目标下跨领域、跨部门、动态化的政策治理模式。多策协同治理方式的出现打破了传统的单一施策主体单边治理局限，有助于系统实现同一治理目标，减少或避免政策交叉重复带来的利益相关主体多头领导现象。基于对国内外相关文献的梳理，发现协同治理理论实证研究主要集中于科技创新[117]、能源使用[118]、数据信息安全[119]领域，利用政策文本分析、双重差分模型、生产函数模型等方法测度不同施策部门的协同效果。

当政策制定者仔细审查报告或从其他人的经验中学习时，他们经常想知道这些发现或结论是否适用于他们自己的情况。"政策设计"一词意味决策者在其中选择手段或机制来实现特定的目标。市场化租赁住房相关政策研究集中于政策评价方向，一般是在研究后端基于评价得出的问题提出相应建议，少有直接以市场化租赁相关治理政策设计为主要内容的研究文献。放眼整个住房政策设计及优化领域，大多为观点性的研究文献，基本可分为住房供给制度、保障性住房和房地产市场三个子领域。在住房供给体系设计方面，有学者提出通过增加有效供给、引导合理消费、优化分配方式等提升体系运行效率[120-121]。在房地产调控政策设计方面，李文庆（2013）提出要建立差别化的房地产调控政策体系，以供求平衡、结构合理、价格稳定作为综合目标，并从金融、财税、消费、监管4方面进行具体的政策设计。孙涛（2015）构建了包含地方政府与中央政府两方的不完全信息重复博弈模型并基于激励理论进行政策设计[122]。张园（2016）应用生存分析方法探讨首套房贷款利率优惠比例、建设用地供应速率、交易营业税收政策与购房行为的关系[123]。在保障性住房政策设计方面，Wei，ZC（2017）基于政策可转移性理论，以新加坡作为参照，从政府治理结构、融资机制和土地征收等方面设计了广州市公共住房政策框架[124]。

政策学习或政策认知框架是公共政策基本理论体系不可分割的组成部分，公共政策基本理论体系还包括社会建构主义、不平衡政策回应论和行动者网络理论。公共政策设计的研究方法主要为定性分析，如访谈研究、观察、内容分析等，也有部分研究综合使用定性方法和量化实验，即利用仿真模拟测试研究人员提出政策或政策的有效性[125]。对111项公开出版的政策设计研究进行分析，发现只有38%的出版物包含部分定量分析内容[126]。由此可得，研究人员对定量分析工具还没有给予足够的重视，也就无法形成政策文本定量设计理论方法以支持政策制定实践。

5. 研究现状评述

综上所述，学者们关于住房租赁消费行为、住房政策评价等方面的前期研究成果为本书提供了诸多的参考和借鉴，但在应租未租青年群体租赁住房行为驱动因素及机理、现有住房租赁引导政策评价及政策匹配、住房租赁行为引导政策优化设计方面还存在继续探讨的空间，也是本书需要开展深入研究的重点。

（1）基于扎根分析得出的关键因素，拓展计划行为领域经典模型，构建城市青年群体住房租赁行为的驱动机理。

在已有相关研究中，虽然少有直接针对住房租赁消费行为驱动因素的全面探讨，但有不少关于住房消费选择的研究，而租赁本身也是众多住房消费或居住方式的其中一种，学者们还关注自有、自有多套等其他住房权属形式，这些研究一定程度上在影响因素方面为本研究提供了参考。总体来看，影响住房消费选择的因素讨论集中在个体经济情况、宏观经济环境、心理因素、文化因素、家庭特征等方面，由于实证研究的国家、民族不同，研究侧重点存在一定差异，例如西方国家学者更关注种族因素、移民因素，我国学者更关注人口流动因素。然而，现有的研究大多是通过多元回归模型、Logit模型等探究住房消费选择影响因素的相关性和重要程度，少有深入因素间关系的机理层面。本书是以高房价、低租赁比率并存的现象为背景，以住房矛盾最为突出、明显的城市青年群体为对象，探究制约这些应租未租青年群体的关键因素，在打开黑箱、破解障碍之后，这些因素又被称为驱动因素。因此，本书在关键影响因素挖掘部分，选择质性研究与文献分析相结合的方式开展，在研究设计和访谈数据采集部分紧抓城市青年群体这一研究对象，获取相关质性资料，通过扎根的理论分析初步得到关键因素和因素间因果关系。再结合文献网络分析，对扎根结果进行验证和补充。

（2）引入政策网络概念，构建住房租赁行为引导政策评价模型，并进行已有政策和引导主体实际痛点间的匹配分析，得出政策缺位点。

住房租赁政策评价是以现有政策为对象而进行的研究，但由于我国住房租赁政策近几年才开始密集出台，因而现有研究中专门针对住房租赁政策的评价研究并不多。再放眼至研究成果较多且相关度较高的住房政策评价领域和房地产调控政策评价领域，大都是以价格、销售量、消费结构等指标的变动进行政策评价和政策缺陷研究，进而运用统计模型对某几项政策和衡量政策效果的代理指标进行因果分析或相关性分析，或者利用系统动力学等理论建立政策仿真模型，对已出台或预实施的政策效果进行预测。上述这些研究或方法的对象集中于几项关键政策，本书考虑利用系统性思维，从整体的角度对近期密集出台的一系列住房租赁引导政策进行全面评估。因而，本书尝试将政策文本中的各类型主体抽象为节点，将其组合施策的共现关系抽象为节点之间的连边，利用复杂网络理论构建住房租赁引导政策网络，并基于网络指标构建政策评价模型。

（3）利用多目标优化建模思想，搭建基于政策工具协同的住房租赁引导政策多目标优化模型，得出最优化政策组合。

当前有关住房政策设计或住房政策优化的研究，多是从策略优选的角度开展的。例如建立多主体演化博弈模型，通过设置奖惩变量并对其强度进行调整，使得主体行为选择达到预期程度。又或者是建立系统动力学模型，将政策运行过程及运行主体包含在政策系统构架中，通过改变其中的策略变量使得政策目标得到迅速提升。然而，策略设计和政策设计还是存在一定程度的区别，前者关注某个变量的改变使最终的目的变量达到最优，而后者关注如何使用政策措施以改变关键变量,政策措施可进一步抽象为政策工具,关键变量可抽象为政策目标。在本书中,城市青年群体住房租赁行为驱动机理中的关键因素即为政策目标,政策设计部分就是要通过政策工具组合来实现这些政策目标的最大化,进而通过机理模型中变量间因果关系的传导,最终让城市青年群体住房租赁"行为—意愿"得到提升。当然,在本书中,不直接将租赁行为驱动机理的所有关键因素作为政策目标,而是在经过住房租赁政策供需匹配分析之后,将现有政策还未覆盖或还未充分考虑的因素作为政策目标。

(四)研究内容及技术路线

本书遵循"提出问题、分析问题、解决问题"的基本研究逻辑。

提出问题:如何有效引导城市青年群体选择、利用租赁住房满足基本居住需求,从而在全社会树立"先租后买"住房梯度消费观念和氛围,从引导需求的角度实现"租购并举"住房制度。

分析问题:①驱动城市青年群体住房选择租赁消费行为,或制约应租未租青年群体的重要因素为何?②如何利用因素间交互作用刻画城市青年群体住房租赁行为驱动机理?③住房租赁引导政策供给程度如何,公众对于相关政策需求情况如何,政策现存障碍及缺失点为何?

解决问题:如何在住房租赁引导政策效果最大化情境下设计出各类政策工具的最优组合?具体的研究内容和技术路线见下文及图1-6。

内容1:城市青年群体住房租赁行为重要影响因素挖掘

利用半结构化深度访谈和微博文本爬虫技术(无干扰采样)收集数据,建立与城市青年群体住房租赁消费行为主题相关,且兼具传统样本属性和大数据属性的质性分析资料库。基于扎根理论思想,对质性资料进行开放性编码、主轴编码和选择性编码,经过理论饱和度检验,得出主范畴以及范畴间的关系。基于复杂网络理论方法,以住房租赁影响因素研究文献具有统计显著性的结论为文本数据,搭建"研究文献—影响因素—研究对象"三个维度的共现网络,基于网络密度、网络中心势等指标挖掘高质量文献中与住房租赁消费相关的影响因素,并对质性分析中得出因素及因素间关系进行验证和修正。

内容2:城市青年群体住房租赁行为驱动机理分析

基于内容1中根据质性资料挖掘并经过文献网络法修正的6项重要范畴——社群影响、制度因素、感知风险、感知易用性、效能感知、个人特征,借鉴行为学领域综合型理论UTAUT模型,增加住房租赁消费经验调节变量、住房租赁消费意愿和住房租赁实际消费行为内生变量,构建包含9个变量、25个子范畴的城市青年群体住房租赁消费行为驱动机理模型。根据理论模型中的9个潜变量,通过设置外显变量开发调查量表,并以西安市为例展开调研,采用结构方程模型处理数据结果,对潜变量之间及调节变量与路径之间

一、绪论

的关系进行假设验证，得到假设检验结果、中介效应结果、调节效应结果，最终得到较高拟合度的修正模型。

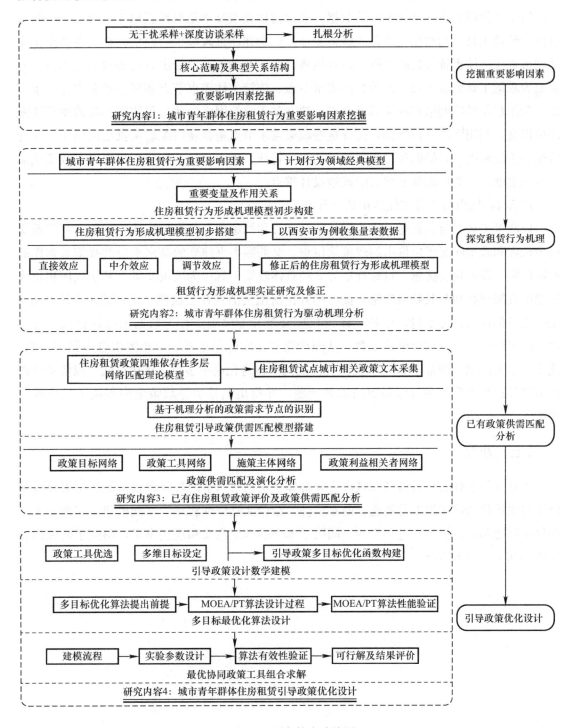

图 1-6　研究技术路线图

内容 3：住房租赁政策评价及政策供需匹配分析

依据政策文本计量理论，以 31 个住房租赁市场国家级试点城市 2015—2020 年出台的共计约 400 份政策文件全文为原始数据，通过搭建政策文本语料库提取 4 类节点——政策目标、政策工具、利益相关主体、施策主体，以构建四维政策供给网络。在前面 2 章中驱动城市青年群体租赁行为的关键因素及机理研究的基础上，分析出有效的政策需求点，并抽象为政策工具需求节点、政策目标需求节点、施策主体需求节点和利益相关主体需求节点。利用政策供给网络和政策需求节点，建立基于政策网络的住房租赁引导政策供需匹配评价模型，利用网络分析指标，探寻这些政策需求节点集合在四维政策供给网络中的匹配特征和匹配程度，并挖掘住房租赁政策的演化特征。进而通过匹配分析得出引导政策供需不匹配之处，作为后面章节研究的政策设计重点。

内容 4：城市青年群体住房租赁引导政策优化设计

以政策工具组合为视角，将协同政策设计过程抽象为高维多目标优化问题。基于前文行为机理和政策匹配评价得出的政策缺位点，又兼顾本书建立的高水平公共政策数据库的特征挖掘，设置税费优惠、目标规划等 8 项具体政策工具作为决策变量。基于我国租赁住房制度发展现状和公共政策理论，提出提升住房租赁消费社会氛围、增强政策前瞻性等 6 项政策目标作为目标变量。以政策评价权威文献和专家观点作为数据来源计算权重等参数，确定目标函数及约束函数系数，从而构建符合实际的租赁引导政策组合多目标函数。此外，本书提出一种基于 Pareto 支配关系的两阶段进化高维多目标优化算法，以解决协同政策设计过程中高维多目标函数的求解问题，并得出租赁引导政策集中各项工具的最优强度。

（五）小结

本章介绍了住房租赁市场和城市青年群体住房租赁消费的现状背景，剖析了引导青年群体将租赁作为住房消费重要选择的必要性。结合文献梳理和理论基础搭建，明确了本书的科学问题和理论框架。进一步地，阐明了本书的理论意义和现实意义，明确了研究内容安排和翔实的技术路线。

二、城市青年群体住房租赁行为影响因素分析

（一）质性研究设计

1. 扎根理论及研究设计

城市青年群体住房租赁行为的核心内涵就是该群体作为消费主体进行住房消费时，综合消费态度、住房需求、风险偏好、外部情景等个体、环境因素形成的住房租赁消费意愿及行为。本书的目的之一旨在于研究影响因素对城市青年群体住房租赁行为的驱动机理，需要对住房租赁行为驱动因素系统全面地探析。仅靠理论研究的梳理和论证，脱离了现实因素，无法将现实情况中的驱动因素完全反映出来。因而，本章节采用具有探索性质的质性分析方法，挖掘影响城市青年群体住房租赁行为的驱动因素，并据此初步搭建因素间的关联关系。本章节扎根分析的研究设计及流程如图2-1所示。

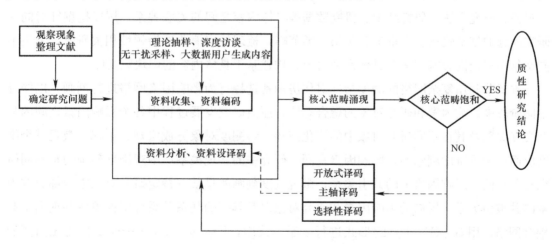

图2-1　质性研究设计及流程

扎根理论法是由芝加哥大学的 Barney Glaser 和哥伦比亚大学的 Anselm Strauss 两位学者共同发展出来的一种研究方法。总体而言，扎根理论法是用归纳的方法，对现象加以分析整理所得的结果。与其他定性或定量研究方法相比，扎根理论法具有三个鲜明的特点：一是其强调要忠于所研究的现象；二是扎根理论法认为理论要逐步构建、修正，才能抛弃与数据或现象不相符的理论解释；三是不相信通过研究者事先设定的假说进行逻辑推

演，而是要归纳[127-129]。

为提升质性分析资料的来源广度，尤其是地域多样性及样本数量，以弥补传统访谈法在样本量和样本差异性上的局限，本书实施两类质性资料收集方式，分别是无干扰的大数据样本和深度访谈。前者特点为样本多样性强但单个样本资料较少，没能完全覆盖本研究主题的全部内容；后者特点为被访谈者基本上就本研究主题的全部内容均发表了相关看法，缺点为样本量小且以西安本地的访谈为主。

2. 相关研究中重要影响因素梳理

现有文献中虽少有对住房租赁行为驱动因素的专门探讨，但仍存在一定数量的、有关住房消费、住房租购选择等与本书主题存在相关性的文献。本小节利用文献网络方法整理学者们的一致性观点，挖掘现有文献中与住房租赁行为相关的重要影响因素，以期对扎根分析结果有所验证和补充。

（1）文献网络方法与数据收集

文献计量理论总体而言可分为两大类别：第一类是基于施引、被引文献基本信息关联关系的研究，例如共被引网络、作者共现网络等，主要关注文献的合作关系；第二类是基于文献具体内容的研究，通过文本挖掘、内容分析方法，将海量文献中的关键研究内容以词（组）、句（组）的方式整理，建立研究内容数据库，以此探究同一研究领域中文献研究对象、研究方法、研究结论、研究数据等具体内容之间的关联关系，用以挖掘针对同一研究问题的创新轨迹。本章节属于第二类范畴，梳理住房消费选择领域相关研究，采集不同文献中提出的影响因素及具体研究对象，构建基于具体内容的词块数据库。

本章节利用复杂网络的测度指标对住房消费选择行为影响因素网络进行刻画，以探寻不同阶段中影响因素和研究对象的融合态势，厘清研究发展过程中各个影响因素之间的复杂交互关系及其在不同研究对象中的演化态势。将测度对象分成宏观、中观、微观三个维度层面：宏观维度刻画的是影响因素在同一研究中的共现关系；中观维度刻画的是不同研究对象在同一影响因素上的共引关系；微观维度刻画的是某一特定研究对象中全部影响因素的共被引关系。提取的影响因素和研究对象以及其间的联系关系分别抽象成共现网络和耦合网络，用 $G=(V, E)$ 的形式进行表示，式中，$V=\{v_1, v_2, \cdots\cdots, v_k\}$ 为无向图的节点集（即影响因素集和研究对象集）；k 为节点个数（即去重的影响因素数量和研究对象数量）；$E=\{e_{12}, \cdots\cdots, e_{st}, \cdots\cdots\}$（$1 \leqslant s \leqslant k$，$1 \leqslant t \leqslant k$，$s \neq t$）表示网络中的连边集。

在文献收集过程中，本书检索公开发表的期刊论文、学位论文及会议论文，中文数据库选用中国知网（CNKI），英文数据库选用 Web of Science。中文检索词为"住房消费 AND 影响因素"OR"住房选择 AND 影响因素"，英文检索词为"housing consumption AND influence factor" OR "housing tenure choice and influence factor"，在检索过程中，

二、城市青年群体住房租赁行为影响因素分析

为了防止重要文献遗漏,中文、英文检索条目均选择主题,而非仅标题或关键词。文献检索的时间设置为2000年1月至2020年6月,经过相关性筛查,最终获取有效研究252篇,其中西文164篇、中文88篇。

为理清相关文献整体发展情况,对文献发表数量和住房消费选择相关影响因素研究数量进行时间序列分析。归纳出,影响因素和文献出版量总体都呈现出斜率逐渐上升、增长率不断加快的态势,具体而言,影响因素累计值在2009年和2015年出现了较为明显的向上转折,2009年的显著增长点可能是由于金融危机引发学者对这一刺激以及相伴因素对住房消费选择行为产生新影响的讨论,例如政策救市[130]、居民消费习惯[131]、各类消费品需求特征[132]等。出版量也在2009年出现较大增益,此后增长量较为均匀,为了统一后文中的演化分析步长,将三个阶段确定为第一阶段(2000—2008年)、第二阶段(2009—2014年)、第三阶段(2015—2020年)。

(2)基于文献网络的影响因素分析

1)住房消费选择影响因素共现网络

一般而言,聚类模块值大于0.3时,可认为该复杂网络聚类结构显著,3个影响因素共现网络均呈现出聚类结构清晰、边界明显的特性,因而,本节进一步对3个阶段共现网络中的优势聚类进行微观分析。根据社团检测(Community Detection)的算法规则"社团内部节点间连边相对稠密,不同社团间连边相对稀疏"可知,社团一般围绕权重较大的点形成,一组较大权重的节点很难存在于同一社团中。本节将住房消费选择行为重要影响因素集合定义为较大权重和优势聚类的并集,其中较大权重是指权重大于等于5,优势聚类则为0#聚类。第一阶段共现网络中,较大权重影响因素数量为12个,优势聚类中影响因素数量为17个,去重处理后的重要影响因素集节点数为24个,占总节点数比重为26.6%;第二阶段共现网络中,较大权重影响因素数量为13个,优势聚类中影响因素数量为40个,去重处理后的重要影响因素集节点数为45个,占总节点数比重为30.8%;第三阶段共现网络中,较大权重影响因素数量为23个,优势聚类中影响因素数量为44个,去重处理后的重要影响因素集节点数为63个,占总节点数比重为23.6%(图2-2、表2-1)。

2)住房消费选择研究对象共被引网络

在住房消费选择行为研究中除了研究影响因素外,研究对象也必不可少。在住房消费选择行为研究领域中,对于研究对象的分析,本节采用耦合关系理论来生成网络。本书借鉴Perianes-Rodriguez A(2016)[133]关于耦合网络的定义和思想,若两个研究对象A和B在文献中被证明其住房消费选择行为受到同一个因素F的显著影响,不论影响强度和影响方向,都称为A和B之间存在耦合关系,而多个耦合关系组成的网络则为研究对象耦合网络(RO-coupling network)。

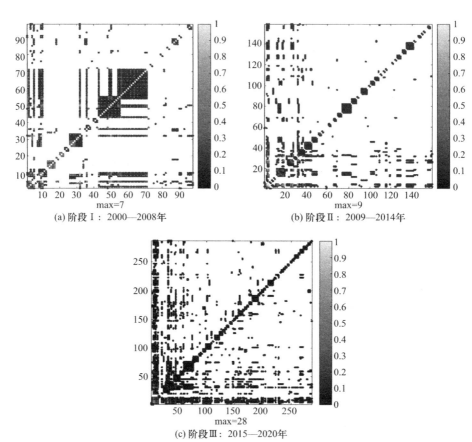

图 2-2 住房消费选择行为重要影响因素邻接矩阵

按聚类分类和按权重分类的住房消费选择行为重要影响因素　　　　表 2-1

第一阶段共现网络				
排序	名称	权重	名称	权重	第一聚类类别
1	MS	14	MS	14	0#
……					
12	Hukou	5	EHH	1	0#
第二阶段共现网络					
排序	名称	权重	名称	权重	第一聚类类别
1	Age	21	Age	21	0#
……					
13	AHH	5	ProT	1	0#
第三阶段共现网络					
排序	名称	权重	名称	权重	第一聚类类别
1	Edu	38	FamS	25	0#
……					
23	ResE	5	PI	1	0#

注：表中仅列出部分示例。

如图 2-3 所示，从节点规模演化情况看出，在第一阶段中学者们关注的主要研究对象为城镇常住居民，其中是以本地居民为主，这是由于 2000 年开始全国范围内推行住房制度改革，公房私有化、住房商品化模式使得以单位职工为代表的城镇居民住房形式发生较大转变，因而城镇常住居民住房保有形式影响因素研究成为这一阶段的研究热点。随着城镇化进程不断推进，国内省际、省内市际、市内县际等级别的人口流动规模、速率、空间跨度不断提升，城市流动人口住房问题日益显现，因而在第二阶段中关于外来务工人口、失地农民城镇住房选择与城镇居民共同成为理论研究热点。第三阶段中，大中城市房价过快上涨现象突出且普遍，包含新生代外来务工人员、新毕业大学生、引进人才等细分群体在内的青年人群呈现住房支付能力不足、住房满意度低等特征，而从产业劳动力供给和消费需求两方面来看，青年群体在城市可持续发展中都发挥着重要的驱动作用，因而住房消费选择的研究对象也逐步向青年群体过渡。

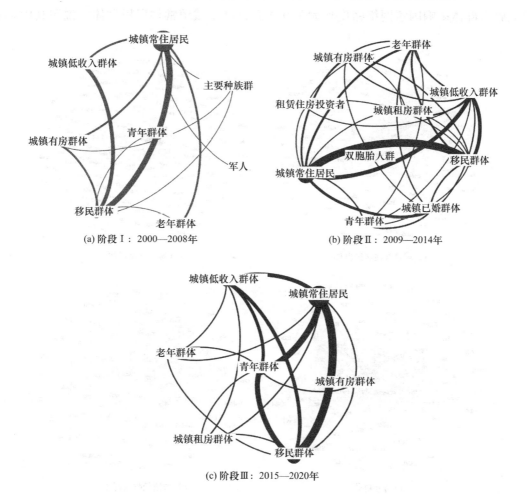

图 2-3　住房消费选择行为研究对象耦合网络演化情况（$n_1=8$，$n_2=10$，$n_3=7$）

3) 住房消费选择"研究对象-影响因素"耦合网络

对筛选后文献的文本挖掘分析，按照研究对象和研究发表时间进行细分，对不同研究对象所涉及的影响因素共现关系使用网络分析手段进行研究，此种研究范式在本章节中被称为住房消费选择行为研究微观分析。经过归纳总结，将研究对象细分为12个子类，每个子类所包含的研究数量为总样本 $N_T=12$，则阶段 Ⅰ 为 $N_Ⅰ$，阶段 Ⅱ 为 $N_Ⅱ$，阶段 Ⅲ 为 $N_Ⅲ$。复杂网络方法虽未规定具体的节点下限，但其核心思想是解决大量节点产生的复杂连边关系，根据每一类群体的总量和方差数值，本节选取节点和边交互关系复杂度前4位的群体，即城镇常住居民、移民群体、青年群体和城镇低收入群体，利用网络整体指标进行微观分析。

如图 2-4 所示，城镇常住居民住房消费影响因素研究中关注的新因素数量逐渐稳定，而城市移民群体和青年群体的因素增速较快。此外，城市移民群体、青年群体、城镇低收入群体影响因素网络密度均大于 0.1 且远高于城镇常住居民群体，说明其中影响

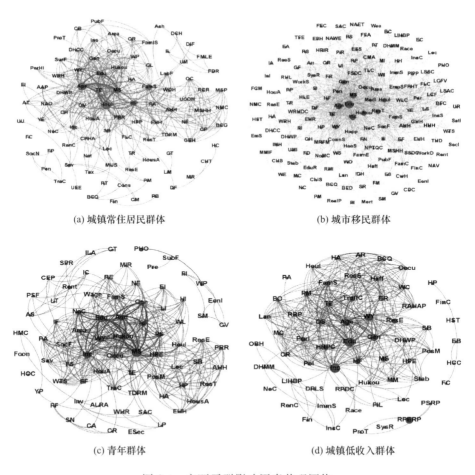

(a) 城镇常住居民群体　　　　　　　(b) 城市移民群体

(c) 青年群体　　　　　　　　　　　(d) 城镇低收入群体

图 2-4　主要子群影响因素共现网络

因素共现程度较高。中心节点的判别标准为节点自身大小和连边密集程度都位于全部节点前列,满足单一标准不足以进入主要中心节点序列,城镇常住居民群体因素网络中的中心节点主要有(8个):年龄、学历、工作单位性质、家庭收入、婚姻、房价、家庭规模、户口;城镇移民群体因素网络中的中心节点主要有(13个):性别、婚姻、学历、年龄、户主收入、工作单位性质、工作年限、户口、居留时长、家庭收入、地区、职业、家庭规模;青年群体因素网络中的中心节点主要有(13个):子女数量、学历、户主收入、工作年限、户口、职业、婚姻、房价预期、父母资助、性别、年龄、家庭规模、传统文化;城镇低收入群体因素网络中的中心节点主要有(16个):家庭规模、租房权益保障、工作单位性质、交通便利性、教育资源配套、年龄、工作年限、户型、学历、性别、住房公积金、住区环境、房屋租赁平台建设、购房意愿、婚姻、物业管理。以上述4群体住房消费选择的主要共现影响因素为基准,分别计算得城镇常住居民、城镇移民群体、青年群体、城镇低收入群体的住房消费主要影响因素异质性程度分别为12.50%(1)、15.38%(2)、30.77%(4)和56.25%(9),越靠近1则异质程度越高。学者们在针对不同研究对象均会选择探究的重要影响因素分别为家庭规模、年龄、学历、工作单位性质、家庭收入、婚姻、户口、性别、户主收入、工作年限、职业、市场政策。

(二)质性资料收集

1. 无干扰采样

为提升数据质量和丰富程度,本章节综合使用扎根理论研究中的两种主流采样方法,即无干扰研究法和深度访谈法,在资料分析、资料编码、范畴涌现、理论饱和判断等扎根研究后续阶段中,两类文本数据由于采样对象数量差异特点和单一样本深度特点,可互为补充,提升结果可靠性。本章节阐述无干扰采样的过程及样本情况,下一节介绍深度访谈采样在本书中的应用。本书采用的无干扰方法(unobtrusive research)最早由Webb在1966年提出,是指不对公众施加任何干扰策略,避免影响公众关于住房租赁的判断、态度、体验等主观认知,具体包括不访谈沟通、不干预惯常行为、不施加刺激等[134]。遵循上述原则,本书利用微博文本数据进行无干扰采样,以"租赁AND住房"OR"租赁AND房屋"OR"租房"OR"租住"作为检索式,在新浪微博中搜索用户发文,检索时间为2020年9月7日。由于本书的研究对象为公众,因此,政企单位、研究机构、自媒体等非公众用户的发文数据被剔除掉,且新闻、广告、政策文件等无关数据也被剔除掉。值得注意的是,由于无干扰采样的基本特点,本书虽以新浪微博这一自由言论平台为数据获取来源,但其数据类型存在差异,分为个体直接发文和他人发文评论两大类。用户直接发文表达个体对住房租赁这一现象、事物的无干预主观看法,当然,不同个体的前置干扰因素无法控制，但这也是无法避免的系统性误差。他人发文评论是指用户在某些微博下的评论，主要集中于相关政策出台、热点新闻等微博中，例如住房和城乡建设部住房租赁管理条例的出台、长租公寓"跑路"事件，此类评论受发文主题的影响，其内容、情感倾向、频繁项集等文本要素存在与发文高度相关的聚类效应，会降低质性资料的随机性。因此，本小节在采样的过程中，仅选择个体直接发文。此外，为保障文本资料的时效性，筛选1年内的发文进入最终数据集，数据采集期为2019年9月7日—2020年9月7日，样本总量为3425个，本章节数据来源采用Python语言设计的网络爬虫程序在新浪微博上爬取。

基于信息传播广度大和信息传播速度快的天然特性，微博原创内容及评论内容基本都为非结构化的小文本数据库，数据形式有文字、表情、图片、视频等，且文本组织形式多样化，由信息发布者随机形成，使得微博内容观点挖掘及情感分析复杂性增加。在网络爬虫的过程中，程序设定会将列表中所有的微博内容进行抓取和收集。但在实际分析过程中，原始文本数据存在很多无效的干扰内容，例如广告、文本重复、无关内容、新闻等。数据清洗过程如下：

（1）对于广告性质的数据，可以采用新浪微博中自带的广告用户过滤选项并结合人工清洗的方法进行剔除。对于重复性数据，可以使用武汉大学开发的文本分析工具ROST-CM6或者Microsoft Excel中自带的去除重复项功能实现文本数据的简单去重。

（2）对于无价值频繁项，可以利用Apriori、FP-growth算法等关联规则算法进行清洗，关联规则算法的作用是查找存在于项目集合或对象集合之间的频繁模式、关联、相关性或因果结构，大量存在并频繁出现于文本当中的无意义词句，可能会对词频造成干扰，弱化了对主题有贡献的频繁项集，最终影响结果[135]。Apriori算法存在每一步产生候选项目集时循环产生的组合过多，没有排除不应该参与组合的元素；且每次计算项集的支持度时，都对数据库中全部记录进行扫描比较，算法的时间复杂度和空间复杂度均较大等特点，因而，本章节选用基于频繁模式树（Frequent Pattern Tree，FP-tree）的发现频繁模式算法FP-growth。

（3）对于客观报道、新闻等，一般是新闻媒体、政务微博等发布，而本书要探寻的是公众对住房租赁政策的意见和态度，不属于样本范围。有两种剔除方式：一是基于TF-IDF（Term Frequency—Inverse Document Frequency）算法的语气词比对，例如了、么、呢、吧、啊等，语气词一般出现在主观表达中，客观表述，尤其是对政策文件的报道，多用书面语，不含语气词。TF-IDF算法通过统计语气词语料库中词语在单条微博内容中的出现频率，判断是否为客观的新闻报道；二是人工清洗，新闻报道一般为原创微博，本章节采用人工清洗和语气词语料库比对相结合的方法进行数据清洗，最后得到3425条文本进入分析阶段。

根据新浪微博用户注册的基本信息，样本的描述性统计如表2-2所示。样本基本上包括所有大中城市（直辖市、省会城市、计划单列市），按照占比进行排列，可直观判断出，城市排序与流动人口数量、经济发展程度等宏观经济社会指标基本成正相关,而这些指标也与住房租赁人口、潜在租赁人口存在显著相关性[136-137]。

无干扰采样的微博用户样本描述性统计　　　　表2-2

城市	用户比例（%）	男性（%）	平均年龄	城市	用户比例（%）	男性（%）	平均年龄
北京	15.97	40.00	28.19	沈阳	0.92	35.19	26.43
上海	13.87	33.37	29.41	大连	0.82	47.92	27.36
成都	12.04	30.07	26.70	哈尔滨	0.82	43.75	28.00
重庆	9.94	24.05	25.19	昆明	0.68	40.00	27.85
杭州	6.80	36.18	27.00	福州	0.67	30.77	31.21
广州	5.31	35.69	27.04	石家庄	0.61	41.67	27.00
深圳	4.68	32.85	27.94	南宁	0.55	21.88	24.50
武汉	4.03	22.88	26.48	长春	0.48	28.57	29.86
南京	3.18	31.72	26.90	南昌	0.44	26.92	25.46
郑州	2.66	37.18	26.28	太原	0.44	42.31	25.69
西安	2.55	35.57	26.73	海口	0.32	36.84	27.73
天津	2.17	42.52	27.67	兰州	0.29	23.53	30.75
长沙	1.98	25.00	25.00	贵阳	0.22	46.15	26.29
合肥	1.83	22.43	25.86	银川	0.20	41.67	32.21
青岛	1.49	32.18	24.94	呼和浩特	0.19	45.45	31.50
济南	1.35	31.65	28.13	乌鲁木齐	0.19	9.09	24.25
厦门	1.08	20.63	26.09	拉萨	0.15	44.44	24.75
宁波	1.02	26.67	26.68	西宁	0.03	100.00	28.00

2. 深度访谈采样

本小节介绍本书所设计的青年群体住房租赁行为扎根分析方案中的另一类数据获取过程——深度访谈。深度访谈是质性研究中获取文本数据的主流方式,本书以设计的半结构式访谈提纲为基础(表2-3),引导受访者(城市青年群体)在访谈过程中,结合自身经历,表达对住房问题、住房租赁消费、居住方式等相关问题的认知和态度,分享生活中有关租房的具体经历、经验,最后聚焦至受访者不选择通过租赁住房满足居住需求的具体障碍以及选择租房消费的驱动因素等。笔者常住地在西安,考虑到网络问卷填写的质量较低,后文中较大规模的实证问卷调查也是在西安进行的线下调查。但在质性分析阶段,由于深度访谈样本量需求较小,一般不超过30个[138],可以综合采用线下面对面和线上访谈两种形式,与无干扰采样中的网络用户一样,极大地丰富了样本的空间分布。此外,北京、上海、广州、深圳、杭州等传统一线及新一线城市的住房租赁比率较高[139],其访谈数据更具有代表性,采样时间为2020年8—9月。

深度访谈提纲　　　　　　　　　　　　　　　　表 2-3

访谈主题	住房租赁行为是住房消费选择的形式之一，承租人通过与房屋所有者、租赁住房企业等个体、集体签订固定或无固定期限租赁合同、缴纳协商租金，获得住房一段时期内的使用权，但未受让处置权
基本信息	性别、年龄、工作单位性质、收入、学历、家庭规模、户口、价值观
住房租赁消费相关认知及租赁行为驱动因素	您当前是通过何种方式解决居住问题的？ 您为何选择租房？或您为何放弃长期租房而购买住房？ 您对当前青年群体住房消费有什么看法？ 您对租房这种居住方式有什么看法？ 您如何看待住房租赁这种居住消费形式？ 您租房的经历如何？例如租赁搜寻、交易过程、租房生活体验、与房东交往等。 您和身边的人为什么选择租房居住或不选择租房而采用其他方式满足居住需求？

深度访谈抽样采用分层抽样的方式进行，笔者通过和不同地区的朋友、同学等社会关系的提前沟通，寻找正在租房、有过租房经历或即将面临租房的青年群体进行访谈。在确定受访者名单之前，了解了预访谈对象的性别、年龄、收入、家庭规模、户口、价值观等信息，并进行筛查，保障样本在各个人口统计变量上分布的合理性。需要注意的是，与前文无干扰采样的样本特征基本一致，住房租赁人群主要集中于青年群体和外来人口[140-141]，因此年龄、婚姻状况、家庭规模的分布较为集中于20~35岁、未婚、1~2人，其余特征尽量做到分布均匀。此外，本次访谈还注意到一个现象，由于近两年各大城市争相放宽落户政策，引发"人才大战"，尤其是取消了购房落户的限制，提升了无房户落户比例，户口因素对于居民住房消费的影响可能越来越小[142]。经过受访者人口统计学特征筛选，根据扎根理论分析的经验样本量，初步选择了20人进行深度访谈。

访谈过程中，由于设备记录问题和受访者沟通不足2个原因，流失2个样本，后又扩充样本补齐，顺利完成访谈的数量仍为20人，具体信息见表2-4。其中，面谈的时间较长，基本高于30分钟，信息量较大；电话或网络通话的时间相对短，但也尽量达到20分钟左右。在征得访谈对象录音许可后，对全部访谈进行录音，并用软件初步将音频转录成文字，再由笔者人工筛查确保文字质量的准确性，同时剔除掉与访谈无关的资料，共形成6万余字的访谈记录。按照扎根理论的一般性做法[143]，随机选取14份访谈资料（约2/3）用于资料分析，其余6份（约1/3）用作理论饱和度检验。

受访者的基本信息　　　　　　　　　　　　　表 2-4

统计指标		人数	比例
所在地	西安	13	65%
	上海	2	10%
	北京	1	5%
	深圳	1	5%

续表

统计指标		人数	比例
所在地	成都	1	5%
	杭州	1	5%
访谈形式	面对面	11	55%
	网络、电话	9	45%
性别	男	12	60%
	女	8	40%
年龄	20～30岁	13	65%
	31～40岁	7	35%
人均月收入	5000元以下	2	10%
	5000～10000元	9	45%
	1万～2万元	8	40%
	2万元以上	1	5%
婚姻状况	已婚	11	55%
	未婚	9	45%
常住人口规模	1人	5	25%
	2人	11	55%
	3人及以上	4	20%
户口	本地户口	12	60%
	外地户口	8	40%

（三）质性资料处理与关键因素挖掘

1. 开放性编码

开放性编码又可称为扎根理论中的一级编码、开放性登陆。此部分是扎根分析中资料编码的第一个步骤，也是最重要的一环，二级、三级登陆都要在此基础上进行归纳，因而本部分需要做到的是不遗漏关键内容。本书在质性资料编码环节，除笔者本人外，还邀请了2位本专业、本领域研究者以"背靠背"的形式共同整理，以最小化个体主观差异带来的偏误。开放式编码过程中，本书在保障可读性的前提下，尽量采用访谈对象的原话来表征态度、意愿等变量内涵，并从访谈原文中直接抽取关键词作为范畴命名，以消除分析员个体先验知识带来的主观偏差。通过对20名被访谈者生成资料的整理，去除无关、模糊表述，共收集到937条城市青年群体对于住房租赁消费的有效表达，并对原始语句进行初始概念化。参考扎根分析的相关文献[144]，本书选择重复频次在3次以上的初始概念进行范畴化，并对存在矛盾的概念进行判断和筛选。考虑到质性分析资料体量极大，在本书中采用Nvivo这一质性分析软件协助作者进行资料编码等步骤，以同步提高效率和准确率。同时考虑到论文的篇幅限制，仅挑选具有代表性的原始概念语句进行展示，以阐述每个范畴的基本内容和初始概念，见表2-5。

开放性编码过程及结果　　　　　　　　　　　　　　　　　　　　表2-5

代表性原始语句	范畴化
R01 应该改变一下住房观念了，我认为租房比买房合适，租房可以租适合自己大小的房子。 **R03** 上大学的时候就很想住那种挑高的LOFT，毕业了终于如愿以偿。 　　将来有可能会对其他地方心生向往，若是买了房，想要搬走，一定会相当棘手。 **R09** 曾经因为工作地点频繁变动，一年换了3次租房，工作在哪，就住在哪，挺方便的。 **R10** 现在稍微好点的长租公寓，都配备自习室、咖啡区、健身房等公共空间，电视和厨房可以没有，但这些设施挺能提升生活幸福感	生活便利性偏好
R01 既然房价较高，与其把钱都投到房产里去，不如边挣钱边租房住，多攒点钱，等老了去住养老院。 **R09** 现在我国城市房租和房价的比例在世界范围内是最低的，最便宜，现在租房挺划算的。 **R10** 只是就住来说租房划算，同样月供，能租到的一般比买到的好不少了	经济性需求偏好
R01 现在我租的房子比家里人前几年容易多了，链家一类的大一点的平台还挺靠谱，关键还有VR看房，我都是看到非常中意的才去现场考察，一次就定下来了。 **R08** 经历了人生中的第一次租房，租房真的是太难了，脚都要断了，租1套看10套。 **R15** 好想逃好想逃，每次换房子租房都是不愉快的经历	搜寻匹配难易度
R02 我租的公寓，可是空调却三天两头地坏，管家联系空调的工作人员前来维修，可是断断续续地修了一个月却还没有修好，最近太热实在受不了，已经住了3晚上酒店了。 **R03** 自己居住不用去租房，能够避免不必要的麻烦，不会体验到租房当中的一些尴尬事。 **R05** 之前租房是老小区，条件设施都挺一般，家具什么都又土又旧，最近新换了单位，跟前有万科的长租公寓，就跟着换房子了，品牌的还是好，不光是住，社交文化也好	效能感知
R01 工作打拼多年，有一些存款，想跟父母再借个钱交下首付，但父母却认为没有必要，等以后结了婚自然有家，如果将来碰巧两个房子都有贷款岂不是背负更大压力，不赞成买房，然后就没买。 **R02** 我结婚那会儿家里长辈说，年轻人买房困难，可以婚前租房，婚后有条件再买。 **R07** 我老婆的住房消费观就挺超前的，我们一直租房住，住的小区还不错，如果买的话，肯定比现在条件要差很多，最起码区位差得不少。 **R10** 家里普通的人对于租房要求少，家庭富裕的孩子，租房如买房	家庭影响
R03 人都是社会人，都会受其他人的影响，如果我上班单位同事们都一直租房子生活，那我也会选择延长租房时间，毕竟买房还是有经济压力，要是大家都买了，我肯定也会特别着急，咬咬牙买了。 **R10** 我们单位给新进员工有租房补贴，同事里租房的不少，你不急我也不急，就没有着急买房的焦虑了。 **R12** 之前跟同事聊天，聊到租房，同事说，现在都什么年代了，租房过一辈子也不丢脸，生活是给自己过得，房子上省下来的钱能把生活过得更舒坦，比能力达不到硬买房，日子过得苦哈哈的强	组织氛围
R01 买房相较于租房好，这其实是传统观念，几千年的老思想，禁锢了很多年轻人的想法和做法，政府可以多多营造这种鼓励租房的风气，让大家平等对待这两种方式。 **R06** 租房即使省了钱，心理上还是寄人篱下或居无定所，在社会上给人感觉无恒产者无恒心，甚至受歧视。 **R10** 如果心理强大，毫不在乎心理的影响和社会的看法，那租房比买房合适。 **R15** 最开始我对租房还是买房没有很大的倾向性，但是每当在朋友圈里看朋友们买房了，还是会觉得羡慕	社会影响

二、城市青年群体住房租赁行为影响因素分析

续表

代表性原始语句	范畴化
R02 老百姓觉得"房子"代表"家",租房总是不稳定。 中国人讲究安居乐业,要有自有产权的住房,短期内改变大家的观念、消费习惯是不太可能的。 R13 买房而非租房,说到底就是中国人的面子在作祟。 R16 中国人的家观念根植于心,不管是投资工作还是怎么样挣点钱,终点都是要买大房子	文化观念影响
R02 也不知道这个发展租赁市场是不是暂时性的,别回头政策风向又变了,鼓励买房,那之前因为政策选择租房这帮人会受很大影响。 R05 以后房屋"租购同权"会越来越普遍,这是社会趋势,欧美国家很多人都不会去买房,一辈子就是租房。 R11 要是政府调控好房价,别涨得那么快,我肯定能多租一段时间,直到自己有充分的能力买房再下手	政策连续性
R02 政策鼓励租房,保障租房人的权益,可以减轻刚进入社会的年轻人的压力。 R03 最近出台了不少租赁市场政策,我租房时还专门关注了下,有些适当给予承租人租房补贴,要是能加快执行就好了。 R06 去年长租公寓爆雷,我也是受害者,政府部门对受害人的申诉反馈还是不及时。 R10 希望租房补贴不光是给所谓的人才补,给刚参加工作的蓝领工人也扶持一把,他们都是为城市发展、城市建设做贡献的。 R16 自从政府宣传租房可就近入学之后,几大名校周边的房租噌噌地往上涨,一般收入人家的孩子还是得不到公平的教育资源,政策出发点是好的,执行起来就有时事与愿违了	政策执行效度
R06 光新闻上经常说"租购同权",具体有哪些权,我作为刚毕业的大学生我都不清楚,其他人可能更不知道了,政策的宣传力度还是不够。 R07 政府应该多宣传最新出台的租房政策,比如补贴啊、承租人保护条款啊、纠纷如何快速处置啊,可能会消减大家一部分租房的不好的印象。 R17 我最近租房用了政府建的那个租赁交易平台,虽然房源少点,但是质量、可信度还有交易流程都挺放心	政策普及度
R05 我觉得这个政策会带来一些正向反馈。比如现在好多年轻人结婚都要求对方有房,如果保障"租购同权",两人就能先租房,再一起赚钱买房,而不是不买房就不结婚了。 R09 "租购同权"本意是想解决有房和没房教育、医疗方面不公平的问题,对于稀缺资源,如果房子不再是限制,那就意味着会有其他门槛出现,这个政策适不适用,还要打个大大的问号。 R11 "租购同权"的政策非常好,我的学历不高,就更希望子女能接受好的教育,不走自己的老路	政策适用性
R02 前一阵长租公寓"爆雷"的事真是影响挺大的,我有好几个朋友都遇到这事,真是房财两空,原来的业主天天要赶人,这边机构也跑路了,政府真的加大监管的力度,不能什么企业都能进来做长租,不然大家更不敢租房子了。 R12 现在市场上可供租的房子多了,租房的人也多了,市场体量变大了,就有些投资客、投机客瞄上租金这块蛋糕,哄抬租金,国家能不能就像限房价一样,也限限租金,在大城市生活,一个月租金也不少钱。 R17 自从国家开始提倡要发展住房租赁市场,能感觉到租房的时候房源是多了,但是有些自称是专业化租赁机构的企业,房子的品质真是不敢恭维,一个客厅能隔三小间房出来,国家需要加大监管啊	市场监管强度

29

代表性原始语句	范畴化
R04 朋友的亲身经历，之前合租，半夜的时候室友带了个陌生人回来，可能是男朋友，当时明明说好不准带人过夜的，担心了一晚上。 R07 长租看着潇洒，可房东突然通知搬家，很折腾人。 R08 有能力还是买房好一些，租房上面永远有一个房东，做啥都不方便。 R12 现在很多房东还有机构出租房屋都是一装修好就租，全是味道，这简直就是谋财加害命了。 R13 不是自己的房子就是住得不舒服。 R18 租房，房东可以随时赶你走。自己的房子，可以随时回家。 R19 上一次租的房子真是毁三观，房东以抽查我有没有转租、有没有毁坏屋内设施为由，动不动就自己开门进来，连招呼都不打一声，让人心惊肉跳的，安全、隐私从何保障	安全稳定风险
R04 现在除了买房，也没有什么更好的投资渠道了，股票也不稳定，而且太专业不会，存银行又抗击不了通胀，还不如咬咬牙，我现在就是买了房，但还没交房正在租。 R06 房产首先是资产，我认为只有自有住房才能改善居住条件。 房租再低是消费，房贷再高是资产。 R13 我觉得还是买，租房子一个月的房租和还贷款一样的钱。 　一直租不买的话，万一房价越来越高怎么办	个人经济风险
R05 租了两次都被中介骗了。 R08 但凡租房中介用点真实的图出租房子，大众对中介的看法也不会这么差，看到好的房子一问就是租出去了。 R18 之前住过知名品牌长租公寓，发的租房信息跟带看房信息完全不一致，租房的时候是这个价格，搬进去了又是另外一个价格，不接受就赶你走。 R19 我都已经退租 1 年多了，之前那个房东还扣着我 1000 元押金不退，人与人之间信任太难了，租房客就是弱势群体	交易信任风险
R05 有一个够住的就行了，别再成为房奴了。 R07 租来的房子就好像不是自己的家，有了自己的房子才有家的感觉。 R13 作为外来人员，感觉只有买了房，才不算"漂"，才是扎根了。 R19 有钱肯定首选是买房，有钱谁租啊。 R20 有人说人死了房子可以留给下一代，我想说一代有钱不可能代代有钱，你死了还管得了那么多吗？源远流长的只有文化而不是财富！压力是自己给的	价值观
R04 我刚毕业那会一直租房，租了 5 年、6 年，觉得租房也没有什么差别，随着年龄增长，越来越觉得租房不是长久之计。 R13 我自己比较保守，但是现在的年轻人，像 95 后、00 后，是比较前卫且会享受生活的，他们甚至不会长期安稳于一个固定的状态，未来"只租不买"真的很有可能成为趋势。 R20 我的一个朋友跟我说他认为以后年轻人租房的会很多，他可能会一直租房生活	年龄
R03 毕业后工作跟姐姐在一个城市，就寄住在她家了，女孩子一个人租房子还是不安全。 R10 男人就应该成家立业，成家不光是有妻子得有房子，三十而立，尤其是 30 岁以上的男人，没房子感觉不靠谱。 R14 女孩子一直租房子还行，我一个大男人，光租房不买房，显得不上进	性别
R08 人学历越高，应该越能接受新的观念，租房也是反消费主义的一种，不把生命浪费在房奴行。 R15 对很多身外之物看不开还是因为文化水平的原因，为了虚名让自己劳碌。 R20 学历高了，思考问题的深度深了，对于物质的需求就不是那么执着，更看重于精神上的富足和享受	学历

续表

代表性原始语句	范畴化
R07 一个人单身，或者是谈恋爱、结婚的小情侣，租房没问题，而且成本还低，但是有了孩子之后，就会突然感觉租房好像不能给孩子一个稳定的成长环境。 R11 在大城市打拼，有孩子之后家里老人过来帮忙，以前跟老婆租一居室就够了，房租压力也不大，现在需要租更大的房子，租金明显变高，跟按揭贷款也差不了多少了。 R14 有了孩子，孩子慢慢长大了，就想给他一个独立的、能自己随意处置的小空间，自己的房子可以随便设计装饰，要是租的，还得小心房东随时检查	家庭规模
R02 我就是外地的，来这边肯定是先要租房子的，买不买以后再说吧。 R07 我周围的本地人基本上没有租房子的，要么自己有房，要么继续住父母家，自己出来租，除非是和家里有矛盾。 R10 以前为了要本地户口让小孩上学才集全家之力交了个首付，现在拿租房合同都能落户，放现在，我肯定不着急买房了	户口
R04 从社会上的整体情况看，农村来打工，做服务行业的外地人，没有几个人能买得起房，都是租房，干不动了回老家盖房，而且为了省钱，租的都是城中村自建房。 R07 我周围年轻同事租房的比较少，要不住父母家，要不就是父母提前给准备好了房子，这些小孩家里条件都还不错。 R08 我感觉从事的职业、工作单位的性质跟收入多少，还有收入稳定性有很大的关系，这些就是买房时候主要考虑的因素，否则没能力买就得长期租	工作单位性质
R02 结婚必须买房还是也可以租房，这得看丈母娘。 我觉得如果结婚的对象值得信赖托付，两个人的心往一处走，也是可以租房结婚的，毕竟感情比房子更重要，租房也只是暂时的。 R14 结婚还是买房吧，夫妻两个人有共同的大额资产，有利于稳固感情，单身时一个人能力有限，租房实际点，结婚后可以集中力量干大事	婚姻状况
R08 这个租房和买房还是跟个人收入有很大的关系，收入可观，而且看得见的稳定，就可以考虑买，要是不稳定，一天有一天没，还是租吧，别给自己埋雷了。 R15 前些年事业刚起步，资金都在生意上，租房过日子，现在生意慢慢走上正轨，钱也越挣越多，自然就买房改善生活了，后边条件更好还要买更大的房子。 R20 收入低还是得租房，勉强买了房子也不见得能养得起，要是哪天丢了工作，还得指望着爸妈还房贷，于心何忍	收入

注：按照本章节的数据来源，表中含两类数据：一是深度访谈数据，用R**来标注，其中**代表被访谈对象编号；二是无干扰采样过程中的大数据用户生成内容，无标注。

2. 主轴编码

主轴编码，按照扎根研究的逻辑顺序，属于二级编码，其作用是发现和建立概念类属之间的各种可能联系，以此来表达质性资料中各个部分之间的强关联或弱关联。一般来说，这些关联包含因果关系、对等关系、情景关系、类型关系等多种类别，只要是能运用逻辑解释的类属集，都能初步赋予其关联关系。在二级登录过程中，研究者要进行循环挖掘，每次循环只围绕一个特定的类属进行，防止遗漏，因此又被称为轴心登陆。研究者不仅要考虑概念类属本身的关联，还要探寻被访者形成这些概念时所处的情景，以挖掘具体的意愿和动机。在建立起不同组别的概念类属后，还要对其中的主要类属和次要类属进行分辨，通过主从关系重新组合、梳理原始资料。本小节中主轴编码的形成过程见表2-6。

主轴编码过程及结果 表2-6

主范畴	对应子范畴	范畴关系的内涵
个体特征	价值观	个人固有的价值观对住房消费这种重大决策存在影响
	年龄	家庭存款数量等经济状况及价值观念等因素与时间变量存在相关性，年龄可对住房租赁行为产生直接或间接影响，属于个体特征
	性别	性别尤其是户主性别，对住房租赁消费与否、是否长期租赁等相关行为存在影响，属于个体特征
	学历	学历直接指向文化水平和素养，看待问题的方式和观点会影响住房租赁消费行为，属于个体特征
	家庭规模	家庭规模会直接影响住房需求特征，属于个体因素
	户口	本地户口和外地户口的差异会指向个体在城市中的长期居留意愿，进而作用至住房消费选择，属于个体因素
	工作单位性质	工作单位性质不同对应了不同类别的工作稳定性，进而影响住房租赁消费，属于个体因素
	婚姻状况	结婚这一生命周期事件在中国传统文化中对新成立家庭的住房消费影响较大，属于个体因素
	收入	家庭收入、储蓄、资产状况等对住房租赁行为产生影响
制度情景	政策连续性	住房租赁市场发展政策、房地产限购政策等政策制度执行的连续性会对住房租赁消费产生影响，属于制度因素
	政策执行效度	已有的引导住房租赁消费政策在执行环节的效率和效果会对住房租赁消费行为产生影响，属于制度因素
	政策普及度	已有的住房租赁消费引导政策在公众中的宣传、普及、知晓程度会对住房租赁消费行为产生影响，属于制度因素
	政策适用性	已有的住房租赁消费引导政策与不同特征消费者的适配性程度会对住房租赁消费行为产生影响，属于制度因素
	市场监管强度	住房租赁市场的规范程度、主管部门监管强度会对住房租赁消费行为产生影响，属于制度因素
感知风险	安全稳定风险	租房居住生活的安全性和稳定性存在风险，会对个体的住房租赁消费行为产生影响
	个人经济风险	租房生活可能要承担房价越来越高，购房支付能力越来越低的风险，会对个体的住房租赁消费行为产生影响
	交易信任风险	住房租赁市场中介、房东、租赁企业等经营主体在交易、运行环节不规范、违规行为等会对个体的住房租赁消费行为产生影响
社群影响	家庭影响	父母、亲戚的住房消费观念、人生观会对个体的住房租赁消费行为产生影响，属于社群影响因素
	组织氛围	青年群体所属组织的住房消费氛围，以及组织对职工住房租赁的支持程度会对个体的住房租赁消费行为产生影响，属于社群影响因素
	社会影响	社会大众对于住房租赁的看法、态度、观点，会通过生人社区及熟人社区传递进而感染到个体的住房租赁行为，属于社群影响因素
	文化观念影响	有恒产者有恒心等传统住房文化会影响个体的住房租赁行为，属于社会层面的因素

二、城市青年群体住房租赁行为影响因素分析

续表

主范畴	对应子范畴	范畴关系的内涵
居住体验	生活便利性偏好	职住平衡、成熟社区等方面的租房生活便利会影响个体的住房租赁行为,属于住房租赁行为感知有用性层面的因素
	经济性需求偏好	固定支出压力小、可灵活调整居住成本等租房经济性优势会影响个体的住房租赁行为,属于住房租赁行为感知有用性层面的因素
感知易用性	搜寻匹配难易度	中介规范化、平台高效化等租赁住房搜寻匹配环节的属性会影响个体住房租赁的感知易用性
	效能感知	设施完备度、生活氛围等居住体验因素会影响个体住房租赁的感知易用性

3. 选择性编码

三级编码是指在所有已发现的概念类属中经过系统的分析以后选择一个"核心类属",不断地集中到那些与核心类属有关的码号上边。与前两级编码相比,核心类属具有以下明显的特殊性:一是核心类属必须比其他所有类属都更加集中,与最大数量类属之间存在强关联;二是核心类属必须表现出在资料中反复出现、比较稳定的特点;三是核心类属应该很容易、很自然地与其他类属发展出强烈的关联关系,且相互关联的内容丰沛;四是能够建立一个具有包容性和强解释性的理论框架,以将大多数范畴囊括在内。因此,本小节通过深入挖掘主范畴,提炼出核心范畴,并初步形成主范畴之间的典型关系,关系结构及内涵说明如表2-7。

选择性编码结果　　　　　　　　　　　　　　　　表2-7

核心范畴	典型关系结构	关系结构的内涵
城市青年群体住房租赁行为驱动因素作用关系	感知易用性→住房租赁行为	租赁住房的易用性是决定青年群体住房租赁行为形成的内驱因素,感知易用性直接决定个体的住房租赁行为
	感知风险→住房租赁行为	住房租赁在搜寻、交易、使用阶段均存在相应的风险特质,是影响住房租赁行为形成的内因,青年群体对租赁住房风险感知程度直接影响其租赁行为
	制度因素→社群影响→住房租赁行为	制度因素与住房租赁行为二者存在强相关关系,制度因素又是通过影响社群因素进而引致住房租赁行为的变化,社群影响为中介变量
	个体特征→效能感知→住房租赁行为	效能感知概念类似于租赁住房的感知有用性,其对城市青年群体做出住房租赁行为具有直接作用影响,但此两因素间因果关系的强度受到个体特征的调节

4. 饱和度检验

根据扎根理论的研究步骤，三级编码均完成后要循环进行理论饱和度的检验，直至没有发现新的范畴以及因素间相关关系[145]。正如研究设计中所提到的，本章节扎根分析共采样深度访谈20人次，随机抽取14人的资料用于扎根编码、影响因素归类及理论构建，其余6人的资料按照扎根理论的编码规则，用于理论饱和度检验。模型检验结果显示，除了上述六大范畴之外，用于检验的1/3资料中未发现新的范畴和范畴间关系，且主范畴内部也未发现新的构成因子。因而，可以判断前文中的扎根分析在理论上达到饱和，对城市青年群体住房租赁行为影响因素的筛选是充分且科学的。

（四）小结

本章节利用半结构化深度访谈和微博文本爬虫技术（无干扰采样）收集数据，深度访谈的样本区域包含西安、上海、北京、深圳、成都、杭州等住房租赁供需两旺的地区，无干扰采样的样本区域为全国范围，从而建立了与城市居民住房租赁消费行为主题相关，且兼具传统样本属性和大数据属性的质性分析资料库。基于扎根理论思想，对质性资料进行开放性编码、主轴编码和选择性编码，经过理论饱和度检验，得出主范畴以及范畴间的关系。基于复杂网络理论方法，以住房租赁影响因素研究文献具有统计显著性的结论为文本数据，搭建"研究文献—影响因素—研究对象"三个维度的共现网络，基于网络密度、网络中心势等指标挖掘高质量文献中与住房租赁消费相关的影响因素，并对质性分析中得出因素及因素间关系进行验证和修正。最终确定社群影响、制度因素、感知风险、感知易用性、效能感知、个人特征6个维度为影响当前城市居民住房租赁消费行为的关键影响因素，又被进一步分为25个子因素。此外，通过质性分析可初步得出，感知易用性对住房租赁行为存在正向作用关系，感知风险对住房租赁行为存在负向作用关系，社群因素是制度因素和住房租赁行为之间的中介变量，个体特征是效能感知和住房租赁行为之间的调节变量。上述因果关系和关键因素是否真正成立，还需后文中扩大样本量进行实证检验。

三、城市青年群体住房租赁行为驱动机理分析

（一）住房租赁行为驱动机理模型构建

1. 构建理论模型

在上一章中，利用扎根分析和文献分析法挖掘出了城市青年群体住房租赁行为关键驱动因素，并构建出主范畴间的基本因果关系。参考扎根理论的相关研究，在基于质性分析初步得出因素间关系后，一般会结合相关领域经典模型对扎根结果进行进一步分析，丰富因素以及因素间关系，以期增强研究结果对现实的解释力。因此，在本章节中，经过对TPB、TRA、ABC、UTAUT等经典行为理论的对比，选择尝试利用UTAUT模型进一步丰富扎根结果。UTAUT模型整合了多个认知行为模型及相关理论，有效弥补了单一视角或因素考虑不全面带来的意愿—行为机理路径的缺陷。此外，UTAUT包含核心变量和调节变量两类，根据前述住房消费选择影响因素的总结，住房消费行为尤其是租赁行为，受到人口统计变量（包含收入、年龄、家庭结构等）的重要影响，在各类变量作用于最终行为时，人口统计变量的差异性会对其方向和强度产生不可忽视的影响。然而，在新的研究领域中使用时，各类认知行为模型通常都需要进行调整或扩展，以适应特定技术或系统的背景和特征，从而获得最强的解释能力。根据第一章中理论基础部分的相关内容，UTAUT模型中，核心变量为绩效期望、努力期望、社群影响、促进因素、使用意愿和使用行为，调节变量为性别类别、年龄层次、使用自愿性和使用经验。上一章中得出的主范畴影响因素为社群影响、制度因素、感知风险、感知易用性、效能感知、住房租赁消费意愿、住房租赁实际消费行为、经验、个人特征。由上可知，扎根模型与UTAUT模型的变量存在契合性，绩效期望与效能感知相对应，又可被表达为效能感知；努力期望与感知易用性相对应；社群影响在变量内涵和变量名称上均是一致的；促进因素在本书中将其理解为正向促进和负向促进两方面，分别对应制度因素和感知风险；使用意愿对应住房租赁消费意愿；使用行为对应住房租赁实际消费行为。因此，本章节结合UTAUT模型和扎根模型结果，对变量设置和变量间关系进行调整和改进，以更好地解释住房租赁消费行为的驱动过程。

住房租赁行为驱动机理理论模型见图3-1，感知易用性表明实现住房租赁消费行为所要付出的努力程度，例如潜在消费者在住房租赁市场中实施搜寻行为过程中所消耗的人力

（通勤、实地看房等）、物力（补足出租房生活设施等）、财力（中介费等）。效能感知表明住房租赁消费行为对个体或家庭生产生活带来的帮助程度，例如实现了职住平衡、与购房压力相比减弱了住房消费对其他生活消费的挤出效应等。促成因素在本书中的内涵为制度因素，表明个体租赁行为受到与培育发展住房租赁市场相关公共政策的支持和引导，这类政策又可细分为宣传引导型、经济激励型、行政强制型等。社群影响又可被称为主观规范，表明个体在实施住房租赁消费行为过程中感受到的社会压力，可分为成文和不成文两类，在本主题当中，社会规范主要指风俗习惯等不成文的规范，例如"居者有其屋""有恒产者有恒心"等价值观以及住房的投资属性对住房租赁行为的负向影响，以及"先租后买，梯度消费""长租即长住，长住即安家"等观念对住房租赁行为的正向影响。

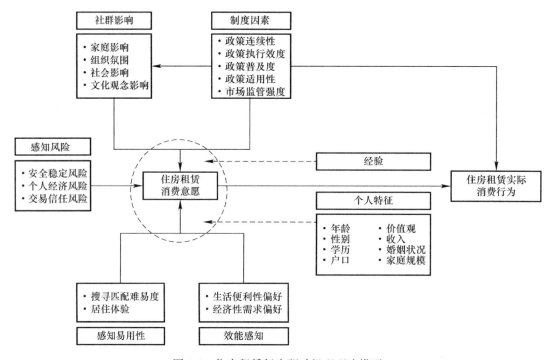

图 3-1　住房租赁行为驱动机理理论模型

除了上述潜变量，理论模型中还存在一些外部环境的调节变量，对自变量和因变量之间关系的正负或者关系的强弱起到一定的调节效应。本章节中选取前一章节中挖掘出的 9 项个人特征作为机理中的调节变量，探寻每一项租赁个体特征对其行为机理的作用机制。其中，与性别、家庭规模、职业等一般性人口统计变量相比，价值观变量存在一定特殊性。中国人，乃至华人群体，普遍受到儒家文化影响，儒家文化中的面子意识、群体一致、大家庭观念、危机意识 4 项重要思想对中国公众住房消费决策产生潜移默化且深远的影响，因此，儒家文化对个体的影响程度会直接决定个体住房消费决策倾向[146-147]。此外，考虑到 UTAUT 基础模型中调节变量的原有设置，将经验这一经典变量也加入初步理论模型中。经验在基本模型中是指对相关或者相类似技术的使用经验,在住房租赁消费行为驱动机理模型中,对于有租房经历的个体,经验可量化为租房时长这一连续变量;对于无租房经历者,可用参与过他人的租房经历或者了解过租房等表征个体的先验体会、感受。对于变量含义以及变量间影响关系的进一步分析见下一小节。

2. 提出理论假设

(1) 制度因素和社群影响、行为意愿、实际行为的关系

UTAUT模型中有一个存在解释灵活性的变量,即促成因素,在针对不同消费行为主题的研究中,学者根据影响相应行为的重要因子设置具体的促成因素。例如,移动电子健康服务用户使用意愿模型中以隐私关注为促成因素,共享电动汽车市场用户意愿模型中以价格价值为促成因素。在本书中,制度因素的测度从租赁住房供给政策、需求引导政策和发展环境政策三方面设置题项,且重点关注了当前正在逐步推行的"租购同权"政策、国有住房租赁平台政策。根据基底模型的关系设置,针对性促成因素不仅对行为意愿有直接作用,相较模型中其他因子,对实际行为也有显著直接作用,因而本书也沿用此关系假设。此外,何可(2015)[148]、雷超(2017)[149]等学者在环境治理、跨境购物等多个研究情景中,关于制度信任和行为意愿、实际行为存在显著正相关的实证结论也支持本假设。前文中已经对社群影响的基本定义做出阐释,其与社会规范、事物的公众形象相关,在租赁住房的接受和使用过程中,本书将社群影响定义为个体感知其社会人际网络中的朋友、师长、家庭等主体对租赁住房的态度、看法,以及社会整体意见倾向、政府宣传导向、产业发展状况,以上群体关于租赁住房的意见、情感倾向都会对个体意愿、行为产生较强的影响。基于以上讨论,提出假设:

H_1:制度因素对于社群影响具有积极影响。

H_2:制度因素对于行为意愿具有积极影响。

H_3:制度因素对于实际行为具有积极影响。

H_4:社群影响对于行为意愿具有积极影响。

(2) 感知易用和行为意愿、社群影响、实际行为的关系

对于租赁住房而言,感知易用是指租赁住房易于获取、消费障碍度低,涉及住房搜寻、匹配和使用三个行为阶段。住房搜寻、匹配行为是紧密关联的,且两个过程存在循环迭代特性,针对某一承租人个体,搜寻为输入过程,匹配为判断过程。在租赁住房搜寻匹配阶段,承租人的最优搜寻强度随市场匹配效率、市场紧缺程度、租赁期限、过度需求率变化对市场租金的单位影响程度等变量的增加而提高,搜寻成本降低、匹配效率提高可提升个体租赁意愿[150],而不断发展的中介机构服务模式、线上平台匹配算法都在不断推升租赁住房搜寻匹配综合效率。使用阶段针对的是租赁住房的居住感受,与自有住房不同,

租赁住房为存量市场产品,新购入住房为新建市场产品,前者一般位于成熟城区、社区,且在提供居住服务目标作用下,租赁住房内部设施较为齐全,承租人也以租赁形式对其行使使用权。基于以上讨论,提出假设:

H_5:感知易用对于行为意愿具有积极影响。

(3)感知风险和行为意愿的关系

感知风险一般可分为财务风险、绩效风险、健康风险、心理风险、社会风险和时间风险6个维度[151],关于租赁住房消费的风险集中在财务风险、绩效风险、心理风险和社会风险4种类别。财务风险是指承租人和出租人、中介机构在交易过程中可能产生的违约、欺骗等经济损失风险,此外还存在一种较为显著且风险程度高的情景,即将居住成本投资于租赁而非自有,可能会随着房价上涨产生一定程度的期望收益灭失;绩效风险是指租赁住房使用过程中功能或服务强度不满足承租人期望水平;心理风险是指在租赁或其他住房权属选择中的决策失误,或租赁住房产品内部选择中的失误产生个体情感伤害;社会风险与社会规范、主观规范相关联,在前文社群影响中已展开分析,此处不再赘述。基于以上讨论,提出假设:

H_6:感知风险对于行为意愿具有消极影响。

(4)效能感知和行为意愿的关系

效能感知是指个体感觉使用技术对生产生活带来的帮助程度,指住房消费者感受到租赁住房可基本满足其住房需求,在关于租赁住房行为对个体生产生活助力程度方面,可从便利性、灵活性、经济性等方面考虑。①便利性主要是从居住空间匹配方面考虑,对于就业人员而言是指职住平衡性,可选择在工作区域周边租赁住房,减少通勤的时间成本和经济成本。对于家庭而言是指教育—住区平衡性,在我国现行教育体制下,属于九年义务教育之外的高中阶段和部分大中城市的民办初中都不在学区划分的范围内,跨区域就学现象普遍,因此在优质教育资源周边租房居住,减少学生通勤精力损耗也成为城市租房人群中的典型群体。Zhang(2020)利用 Meta 分析系统评价方法也得出优质基础教育资源使得所在片区的房价和租金明显上涨[152]。②灵活性主要是从租赁住房更换效率方面考虑,包含区位及其他住房微观特征。租赁住房的一般交易模式是出租、承租双方签订固定期限合同,就我国实践而言以1年合同居多,承租人可在合同到期后根据自身住房需求转变选择匹配度更高的租赁住房,住房流动性较强。③经济性是基于住房租售比来衡量和测度,在控制了住房的金融属性和自有带来的心理账户储蓄增长等非经济效应之后,对于同质化房屋而言,租房成本远小于购房成本,引致居民租房支付能力远高于购房支付能力,尤其是新毕业大学生、外来务工人员等新市民群体[153]。值得注意的是,随着国家房住不炒、梯度消费政策的逐步引导,前述假设越来越具有现实性,且租房带来的居住成本节约使得个体剩余可支配资产转向其他生活消费部门,有助于提升生产生活满意度。基于以上讨论,提出假设:

H_7:租房效能感知对租房行为意愿具有积极影响。

（5）行为意愿和实际行为的关系

关于行为意愿和实际行为两个基本变量之间的关系，建立经典的 TPB 理论模型的 Ajzen 教授提出，在有足够控制能力的前提下，个体会在机会出现时执行他们的意愿，行为意图或意愿被认为是实际行为发生的直接前提[154]。在本书中是指租赁住房行为意愿，它是实际租赁行为产生的直接前提，而租赁行为意愿又可被分解为愿意接受以租赁的方式解决长期居住需求和愿意向周围人群推荐、宣传租赁住房生活的优势以消除住房消费刻板印象。基于以上讨论，提出假设：

H_8：租赁行为意愿对实际租赁行为具有积极影响。

（6）调节变量的影响

调节变量的选取在前文理论模型构建部分已经阐述（图 3-2），本小节列出性别、年龄、收入、学历、户口类型、家庭规模、工作单位性质、传统价值观感染程度、租房经验 9 项调节变量对理论模型中不同路径的具体作用关系。提出假设如表 3-1 所示。

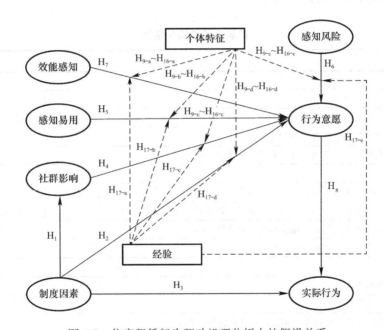

图 3-2 住房租赁行为驱动机理分析中的假设关系

注：图中用个体特征变量代表年龄、性别、学历、户口、收入、工作单位性质、家庭规模、传统价值观感染程度，是为了提升模型图的可读性，实际上，9 项变量均对 5 条路径具有调节效应假设。

调节变量假设总结表　　　　　　　　　　　　　　　　表 3-1

	性别	年龄	收入	学历	户口	家庭规模	工作单位性质	价值观	租房经验
效能感知→行为意愿	H_{9-a}	H_{10-a}	H_{11-a}	H_{12-a}	H_{13-a}	H_{14-a}	H_{15-a}	H_{16-a}	H_{17-a}
感知易用→行为意愿	H_{9-b}	H_{10-b}	H_{11-b}	H_{12-b}	H_{13-b}	H_{14-b}	H_{15-b}	H_{16-b}	H_{17-b}

续表

	性别	年龄	收入	学历	户口	家庭规模	工作单位性质	价值观	租房经验
社群影响→行为意愿	H_{9-c}	H_{10-c}	H_{11-c}	H_{12-c}	H_{13-c}	H_{14-c}	H_{15-c}	H_{16-c}	H_{17-c}
制度因素→行为意愿	H_{9-d}	H_{10-d}	H_{11-d}	H_{12-d}	H_{13-d}	H_{14-d}	H_{15-d}	H_{16-d}	H_{17-d}
感知风险→行为意愿	H_{9-e}	H_{10-e}	H_{11-e}	H_{12-e}	H_{13-e}	H_{14-e}	H_{15-e}	H_{16-e}	H_{17-e}

（二）住房租赁行为影响因素测度量表设计及数据收集

1. 研究量表的设计与开发

问卷包含两部分，一是住房租赁行为驱动机理模型涉及相关指标所对应的测量项目，二是受访者的人口统计数据（表3-2）。

问卷中的结构化量表　　　　表3-2

量化条目及结构	来源
效能感知	
PS1. 住房消费成本相对低	Czerniak, 2018[155]
PS2. 为今后更高品质住房消费积累财富	Sissons, 2019[156]
PS3. 居住在优质教育资源、工作单位附近	自行开发
PS4. 可以根据不同阶段的需求灵活变换租赁地点及住房配置等	
感知易用：	
PEU1. 拎包入住即可，无需在装饰装修上花费大量人力物力	Fisher, 2009[157]
PEU2. 房屋情况、区域租金等信息不对称性减弱，租赁双方议价能力趋同	自行开发
PEU3. 中介机构、线上平台等需求精准匹配、服务效率高	
PEU4. 租赁机构经营的住房品质优良、服务良好	
社群影响：	
SI1. 亲戚朋友选择租赁住房	McClure, 2017[158]
SI2. 国家对租赁住房消费的倡导	自行开发
SI3. 租赁住房专业化供给不断增强、租赁市场日趋完善、有序	
感知风险：	
PR1. 选择租赁住房而非购房，错过了住房升值机会	Holl, 2017[159]
PR2. 与房东产生毁约、驱逐、随意进出等矛盾纠纷	Zhai, 2018[160]
PR3. 长租公寓经营不善破产带来的违约风险	自行开发
制度因素：	
IE1. 租房人与购房人可享有同等的子女教育、医疗等公共服务权利	Hu, 2020[161]
IE2.《住房租赁条例》明确了租赁双方的各项权利和义务	自行开发
IE3. 政府住房租赁服务平台及国有租赁公司建立	

续表

量化条目及结构	来源
行为意愿： BI1. 我愿意通过长期租赁住房解决住房问题 BI2. 我愿意向周围人宣传租房生活的好处	Makinde，2015[162] 自行开发
实际行为： AB1. 已经长期租赁住房 AB2. 将来会租赁住房 AB3. 引导周围人平等对待租房生活和买房生活	Wang，2016[163] 自行开发

2. 抽样调查数据收集过程

（1）调查地点选择

上述理论模型目的是挖掘个体产生租赁行为过程中的驱动机理，利用潜在变量和调节变量之间的关系对机理进行描述和刻画，因此，研究的调查对象为存在住房租赁消费行为的城市青年群体，主要包含曾经租赁而目前拥有自有住房的、正在租赁住房的、即将面临住房消费选择的这三大类，以及其他相关对象。西安是西部人口众多、经济发展最为迅猛的城市，是关中平原城市群中心城市、丝绸之路重要节点城市等，近年来人口增长迅速，在引人引才政策的驱动下，仅2018年1年落户人口近100万，在人口大量涌入的背景下，租赁作为住房梯度消费中的第一级消费模式，需求旺盛，西安市住房租赁市场规模不断扩大。因此，以西安市为例作为样本采集城市，数据收集时间为2020年12月。

（2）抽样方案设计

1）设计抽样框

住房租赁群体分散在西安市各区域，虽然高新产业、制造业聚集区周边租赁群体数量一般多于城市其他分区，但总体而言，租赁群体数量与区域人口总规模及经济体量相关性较高，租赁住房区位选择与人口密度、经济水平存在空间相关性[164]。因此，首先对西安市各个行政区分层抽样，再根据人口、经济情况分配抽样比例并随机抽样，抽样框见表3-3。

Step Ⅰ：分配抽样比例并抽取行政区。西安市下辖11个市辖区、2个县以及1个国家级新区，由于蓝田、周至两县人口流、经济流体量及速率较低，故不纳入抽样范围。按照人口发展和经济发展综合水平将13个区域分成较发达和欠发达两类，第一类（较发达）：新城区、碑林区、莲湖区、雁塔区、未央区、灞桥区、西咸新区沣东新城、长安区；第二类（欠发达）：阎良区、临潼区、高陵区、鄠邑区、西咸新区其他新城。根据《西安统计年鉴2019》，西安市常住人口共计1000.37万人，其中第一类地区常住人口695.35万人，第二类地区常住人口191.93万人，两类地区人口比例为3.62∶1，基于抽样取整原理确定抽取行政区域数量为5个,第一类地区抽取数量为4个,第二类地区抽取数量为1个。第一类地区编码1~8,第二类地区编码1~5,在R FOR WINDOWS中调用Sample命令生成随机数,第一类地区生成2、4、5、8,即碑林区、雁塔区、未央区、长安区,第二类地区生成2、3,即临潼区、高陵区。西安市共有行政区13个,本次抽样6个行政区,抽样比率为46.15%。

问卷调查样本选取抽样框　　　　　　　表3-3

总体分层	一级抽样框	入样行政区	二级抽样框	入样街道	三级抽样框	入样社区	四级抽样框
第一类区域	全部8个发达区域	碑林区	全部8街道	柏树林街道	全部12社区	菊花园社区	城镇常住青年群体
						和北社区	城镇常住青年群体
						建南社区	城镇常住青年群体
				文艺路街道	全部9社区	文艺南路社区	城镇常住青年群体
						测绘路社区	城镇常住青年群体
						林雁社区	城镇常住青年群体
		雁塔区	全部10街道	大雁塔街道	全部20社区	西勘社区	城镇常住青年群体
						翠华南路社区	城镇常住青年群体
						兴科社区	城镇常住青年群体
				电子城街道	全部29社区	科技路社区	城镇常住青年群体
						太白社区	城镇常住青年群体
						西京社区	城镇常住青年群体
				丈八街道	全部21社区	丁家桥社区	城镇常住青年群体
						铺尚社区	城镇常住青年群体
						南窑头社区	城镇常住青年群体
				曲江街道	全部12社区	新华社区	城镇常住青年群体
						曲江池社区	城镇常住青年群体
						黄渠头社区	城镇常住青年群体
		未央区	全部12街道	张家堡街道	全部22社区	二府庄社区	城镇常住青年群体
						五龙汤社区	城镇常住青年群体
						红色社区	城镇常住青年群体
				辛家庙街道	全部12社区	西煤机社区	城镇常住青年群体
						陕重社区	城镇常住青年群体
						刘南社区	城镇常住青年群体
		长安区	全部25街道	郭杜街道	全部29社区	居安路第二社区	城镇常住青年群体
						东街社区	城镇常住青年群体
						学府社区	城镇常住青年群体
				子午街道	全部1社区	北街社区	城镇常住青年群体
				韦曲街道	全部41社区	南街社区	城镇常住青年群体
						航天社区	城镇常住青年群体
						吉泰路社区	城镇常住青年群体

续表

总体分层	一级抽样框	入样行政区	二级抽样框	入样街道	三级抽样框	入样社区	四级抽样框
第二类区域	全部5个发达区域	临潼区	全部23街道	铁炉街道	全部1社区	铁炉社区	城镇常住青年群体
				任留街道	全部1社区	任留社区	城镇常住青年群体
				栎阳街道	全部1社区	栎阳社区	城镇常住青年群体
				何寨街道	全部1社区	何寨社区	城镇常住青年群体
		高陵区	全部4街道3镇	鹿苑街道	全部6社区	城区社区	城镇常住青年群体
						上林社区	城镇常住青年群体
						南新社区	城镇常住青年群体
				泾渭街道	全部5社区	龙凤园社区	城镇常住青年群体
						泾渭东路社区	城镇常住青年群体
						泾渭中路社区	城镇常住青年群体

StepⅡ：分配抽样比例并抽取行政区下辖街道。根据入样行政区人口比例差异，确定抽样比例，第一类地区中，以碑林区为底数，碑林区∶雁塔区∶未央区∶长安区=1∶1.97∶1.14∶1.53，第二层抽样街道数分别为2个、4个、2个、3个；第二类地区中，临潼区与高陵区的比例为1.92∶1，第二层抽样街道数分别为4个、2个。在前述入样行政区的基础上，对其下辖各个街道按首字母进行排序、编码，利用随机数表法在每个行政区抽取相应个数的街道，形成入样街道。西安市共有街道172个，本次抽样17个街道，抽样比率为9.88%。

StepⅢ：抽取街道下辖社区。前两层抽样比例都是根据人口比例确定，然而街道级别的人口数目难以获取，且社区为行政管理设置中的最基层环节，因而可不过分细致地分配抽样个数，本章节将各街道的社区抽样数量均设为3个。西安市共有949个社区，本次抽样41个社区，抽样比率为4.32%。

2) 确定抽样数量

确定总体样本量：本书的问卷调查采用基于估计简单随机抽样的总体比例，最适宜样本量 n^* 的计算过程如下。

$$v(p) = \frac{p(1-p)}{n^*} \cdot \frac{N-n^*}{N-1} \tag{3-1}$$

$$d = t\sqrt{v(p)} \tag{3-2}$$

$$n^* = \frac{t^2PQ/d^2}{1+\frac{1}{N}(t^2PQ/d^2-1)} \tag{3-3}$$

其中，N 代表调研地点的总体数量，即西安市常住人口总量1000.37万人；t 代表置信度对应的临界值；p 代表样本比例；t 代表绝对误差，在95%的置信度下，临界值 t 为1.96。利用上述方法计算，可得在绝对误差不超过5%的情况下，本次调研的最低样本量为 357。同时，要让回归统计对未来的样本做出准确的预测，每个预测因素（即自变量）下需要 15 个样本。考虑到问卷回收、有效性判断及信效度检验，将正式问卷发放数量设置为 500 份。

确定各层样本量：分层抽样要确定各层的具体抽样数量，常用的分配方法有比例分配法、最优分配法和适度法。本章节采用比例分配的思想，利用 6 个入样行政区常住人口数量占全部入样行政区常住人口总数的比例进行抽样分配，第二层和第三层由于没有细分的人口规模数据，可按入样街道、社区数量进行平均分配。因此，取整后的碑林区、雁塔区、未央区、长安区、临潼区、高陵区抽样数量分别为 70、137、80、107、72、37。

3. 样本特征分析

在经过上述问卷发放、填写、收集过程后，在本部分对采集到的 437 份问卷进行整理，有效问卷比率为 87.4%。对受访者的基本情况和特征进行分析，详细的受访者结构见表 3-4。

样本人口统计及分布概况　　　　　　　　　　　表 3-4

变量		频数	频率	变量		频数	频率
性别	男	233	53.32%	年龄	20～30	297	67.96%
	女	204	46.68%		31～40	140	32.04%
户口类型	本地城镇	33	7.55%	共同居住家庭规模	3 人以下	304	69.57%
	本地农村	102	23.34%		3～5 人	125	28.60%
	外地城镇	97	22.20%		5 人以上	8	1.83%
	外地农村	205	46.91%	受教育程度	高中及以下	29	6.64%
当前住房形式	租赁住房	357	81.69%		中专中技	52	11.90%
	自有住房	12	2.75%		大专	105	24.03%
	学校宿舍	8	1.83%		大学本科	198	45.31%
	单位宿舍	30	6.86%		研究生	53	12.13%
	政府保障房	24	5.49%	最长租房持续时长	1 年以下	61	13.96%
	亲友家中	3	0.69%		1～3 年	304	69.57%
	其他	3	0.69%		3 年以上	72	16.48%

（三）调研数据数据信效度检验

1. 样本信度检验

信度分析也称可靠性分析，指的是利用相同的方法对同一对象反复测量所得结果的一致性程度。信度分析的结果一般用相关信度系数来衡量。信度系数越高，意味着测量的可信度越高，问卷就越可靠[165]。信度分析主要包括重测信度分析、复本信度法、折半信度法、α 信度系数法 4 种，其中 α 信度系数法是学者们经常使用的方法，因而本书也使用此方法。α 信度系数即 Cronbach's Alpha 信度系数，它衡量的是量表中各题项得分间的一致程度，是目前最常用的信度系数，一般适用于态度型问卷，本章节调查个体对于住房租赁行为过程中相关事物的认同程度和心理状态，即为意见态度性量表。其中，α 系数越高，代表可信度越高，问卷的可靠性就越高。通常情况下，当系数高于 0.70 时，说明数据可靠性较高；当系数介于 0.35 至 0.70 之间时，表示数据可靠，可以接受；当系数低于 0.35 时，则必须拒绝接受[166]。本书对该问卷的 7 个潜变量和 22 个观察变量进行信度检验，由表 3-5 可得，在被调查的变量中，所有系数均在 0.807~0.929，其中效能感知维度的信度为 0.856，感知易用维度的信度为 0.907，社群影响维度的信度为 0.93，感知风险维度的信度为 0.834，制度因素维度的信度为 0.898，行为意愿维度的信度为 0.807，实际行为维度的信度为 0.904，同时问卷整体信度为 0.929，均大于 0.8，说明调查问卷具有较高的信度[167]。

量表信度结果　　　　　　　　　　　　　表 3-5

变量	题数	Cronbach's Alpha	总 Cronbach's Alpha
效能感知	4	0.856	0.929
感知易用	4	0.907	
社群影响	3	0.93	
感知风险	3	0.834	
制度因素	3	0.898	
行为意愿	2	0.807	
实际行为	3	0.904	

2. 样本效度检验

效度通常是指测量结果的正确程度，即测量结果与试图测量的目标之间的接近程度，包含内容效度和结构效度两种类型。结构效度是指调查问卷或量表测量到的结果能够反映理论结构和特质的程度，测量结构效度使用的指标有收敛效度和判别效度。收敛效度是指运用不同测量方法测定同一特征时测量结果的相似程度，收敛效度的要求有 3 个：标准化因子载荷系数>0.5、组合信度值（CR 值）>0.7、平均方差抽取值（AVE 值）>0.5。判别效度是指在运用不同方法测量不同变量时，变量的结果之间应该能够加以区分，其标准要求是模型中任何一个潜变量的 AVE 算术平方根都大于与其他潜变量之间的相关系数。结构效度检验使用的方法是验证性因子分析，在进行结构效度检验之前，需要先进行探索性因子分析，将众多观测指标归纳为几个核心因子，构建出一个因子模型[168]。

（1）探索性因子分析

探索性因子分析的目的是要将众多的观察变量归结为少数几个因子，在进行探索性因子分析之前，需检验调查数据是否适合做因子分析，常用的检验指标是 KMO 样本测度和巴特利特球形度。KMO 值越接近于 1，表示变量间相关性越强，一般认为，当 KMO≥0.5 且巴特利特球形检验的显著性小于 0.05 时，表明变量之间显著相关，适合做因子分析。分析时提取特征值大于 1 的因子，采用最大方差法进行因子旋转来验证指标的分类并对因子进行定义。KMO 检验得到的结果是 0.902，远远大于 0.5 的判定标准，同时巴特利特球形度检验的显著性水平小于 0.05，表明各观测指标很适合做因子分析（表 3-6）。

量表的 KMO 和 Bartlett 检验　　　　　　　　　　表 3-6

指标		结果
取样足够的 Kaiser-Meyer-Olkin 度量		0.912
Bartlett 球形检验	近似卡方	4764.359
	自由度	231
	显著性	0.000

在此基础上，对观测指标进行公因子抽取，所得结果如表 3-7 所示，22 个观测指标在经过主成分分析之后得到 7 个因子，累计方差贡献率为 80.124%，前文理论模型中设置 7 个潜变量得到了验证。

量表因子解释的总方差　　　　　　　　　　表 3-7

成分	初始特征值			提取平方和载入			旋转平方和载入		
	合计	方差（%）	累积（%）	合计	方差（%）	累积（%）	合计	方差（%）	累积（%）
1	9.002	40.917	40.917	9.002	40.917	40.917	3.099	14.088	14.088
2	2.015	9.159	50.076	2.015	9.159	50.076	2.904	13.201	27.290
3	1.688	7.674	57.750	1.688	7.674	57.750	2.649	12.041	39.331
4	1.378	6.266	64.016	1.378	6.266	64.016	2.517	11.442	50.773
5	1.288	5.856	69.872	1.288	5.856	69.872	2.434	11.062	61.835
6	1.234	5.610	75.482	1.234	5.610	75.482	2.349	10.679	72.515
7	1.021	4.642	80.124	1.021	4.642	80.124	1.674	7.610	80.124

由表 3-8 正交旋转成分矩阵可得，租赁行为量表因子中的载荷值均大于 0.5，同时相应题目良好分布在前文提取的 7 个因子上，因而可判定各维度题项均与问卷对应，说明问卷效度很好。

量表的正交旋转成分矩阵　　　　　　　　　　表 3-8

	成分						
	1	2	3	4	5	6	7
PE1		.785					
PE2		.740					
PE3		.803					

续表

	成分						
	1	2	3	4	5	6	7
PE4		.750					
EE1	.771						
EE2	.845						
EE3	.840						
EE4	.703						
SI1			.854				
SI2			.889				
SI3			.833				
PR1						.823	
PR2						.850	
PR3						.819	
PF1				.853			
PF2				.821			
PF3				.829			
BI1							.836
BI2							.829
AB1					.731		
AB2					.857		
AB3					.857		

（2）验证性因子分析

基于前文中针对调研数据所做的探索性因子分析结果来看，本书所设计的问卷量表具有良好的结构效度。紧接着，本书运用 AMOS 构建验证性因子分析模型，导入数据，算出模型拟合度与每个题项的因子载荷量。为科学、严谨地评估模型的拟合程度，依据文献资料，选取学者们常用的指标作为评价模型拟合程度的标准，分别有 CMIN/DF（卡方自由度比值）、RMSEA（渐进残差均方和平方根）、GFI（适配度指数）、NFI（规准适配指数）、TLI（非规准适配指数）、CFI（比较适配指数）。即 1≤CMIN/DF≤3 表示模型具有较好的适配度，CMIN/DF＜1 表示模型过度适配，CMIN/DF＞3 表示模型适配度不佳；RMSEA＜0.05 表示模型具有非常好的适配度，0.05≤RMSEA≤0.08 表示模型良好、合理适配；适配度指数 GFI，规范适配指数 NFI，非规准适配指数 TLI 和比较适配指数 CFI 的拟合指标在 0.90～0.95 之间时，说明模型拟合良好，在 0.95 以上时说明模型拟合相当完美[169]。验证性因子分析的目的是通过调查数据来检验观测指标能否有效地测量其对应的因子，这是一种自上（潜变量）而下（观测指标）的思路，即检验预设的因子模型的拟合能力。采用验证性因子分析方法检验量表的收敛效度和判别效度结果如图 3-3 所示。

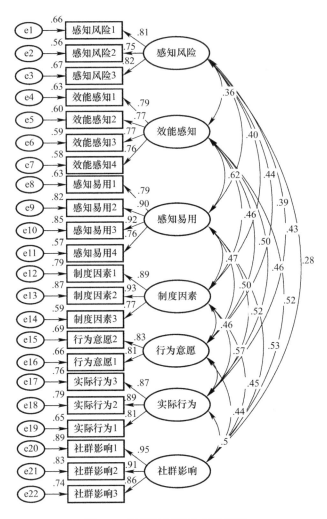

图 3-3 验证性因子分析结果图

结合模型拟合指标的具体数值,可以发现本书的验证性因子分析模型与量表调研数据的拟合状况非常好,绝对拟合指数和增量拟合指数均符合临界标准,具体的拟合指标值如表 3-9 所示。

量表的验证性因子分析模型整体适配度检验表　　　　表 3-9

指标	CMIN/DF	GFI	RMSEA	NFI	TLI	CFI	PGFI	PNFI
测量值	1.713	0.939	0.040	0.953	0.979	0.980	0.698	0.776
标准	<3	>0.9	<0.08	>0.9	>0.9	>0.9	>0.5	>0.5
是否符合	YES	YES	YES	YES	YES	YES	YES	YES

继续分析量表的收敛效度,观察收敛效度的指标主要为平均方差抽取量(AVE),AVE 越大,说明测量指标的共同性越强,越能反映同一类问题,其具体检测结果如表 3-10 所示。

量表的收敛效度检验结果 表 3-10

潜变量	观测变量	因子载荷	CR	AVE
感知风险	PR1	0.812	0.834	0.627
	PR2	0.746		
	PR3	0.816		
效能感知	PE1	0.792	0.857	0.599
	PE2	0.772		
	PE3	0.769		
	PE4	0.763		
感知易用	EE1	0.795	0.91	0.718
	EE2	0.904		
	EE3	0.923		
	EE4	0.756		
社群影响	SI1	0.946	0.932	0.82
	SI2	0.91		
	SI3	0.858		
实际行为	AB1	0.808	0.893	0.736
	AB2	0.889		
	AB3	0.874		
行为意愿	BI1	0.815	0.807	0.677
	BI2	0.831		
制度因素	PF1	0.889	0.9	0.751
	PF2	0.933		
	PF3	0.769		

因子载荷直接反映了各个题项的能效，一般而言，当因素负荷量大于 0.5 时，就表示研究中的题项具有良好的内容效度。平均方差抽取量（AVE）反映的是各个维度的聚合效度，即同一维度下的所有题项是否有效率地反映了所在的维度。一般而言，AVE 达到 0.5，各观测指标在对应潜变量上的标准化因子载荷系数值均大于 0.5，各变量的组合信度 CR 值均大于 0.7，组合信度和 Cronbach's Alpha 系数类似，都是反映量表内部一致性的，一般而言，组合信度大于 0.6 则认为量表的各个维度信度较好。根据分析结果可以得知题项的因子载荷全部大于 0.5，5 个维度的组合信度全部高于 0.6，AVE 全部大于 0.5，由此可以得出问卷收敛效度非常好（表 3-11）。

相关系数矩阵及 AVE 算术平方根 表 3-11

	感知风险	效能感知	感知易用	社群影响	实际行为	行为意愿	制度因素
感知风险	0.792						
效能感知	0.352***	0.774					
感知易用	0.398***	0.622***	0.847				

续表

	感知风险	效能感知	感知易用	社群影响	实际行为	行为意愿	制度因素
社群影响	0.284***	0.519***	0.533***	0.905			
实际行为	0.428***	0.465***	0.519***	0.507***	0.858		
行为意愿	0.392***	0.498***	0.500***	0.443***	0.569***	0.823	
制度因素	0.443***	0.456***	0.475***	0.454***	0.570***	0.446***	0.867

注：* 表示 $p<0.5$，** 表示 $p<0.05$，*** 表示 $p<0.01$

各潜变量的 AVE 算术平方根都大于与其他潜变量之间的相关系数，表明测量不同潜变量的观测指标之间具有较好的区分度，本书所用量表的判别效度也得到了有效保障。

（四）模型实证结果

1. SEM 拟合程度分析

在对调研数据进行信效度检验之后，就可以采用 AMOS 对前文中构建的结构方程初始模型和数据样本之间的拟合度进行分析，见图 3-4。其中，拟合度检验主要包括整体模型拟合度检验和基本参数拟合度检验两种方式，在整体模型拟合度检验中，学者们通常使用绝对拟合指数、相对拟合指数以及简约拟合指数来评价所构建结构方程模型的优劣。本书根据研究情况以及构建的结构方程模型的特点，挑选了学者们最为广泛采用的常用拟合

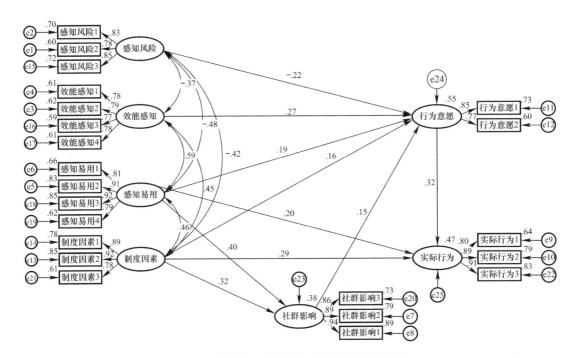

图 3-4 最终修正的结构方程模型及拟合结果

指数来验证初始模型的拟合情况。将问卷的数据带入结构方程初始模型中进行运算,得出拟合分析数据。本书采用 CMIN/DF、RMSEA 以及不受样本大小影响的 GFI、NFI、CFI 等指标来评价模型的拟合程度,根据结果可以发现数据与模型的拟合状况良好。

SEM 整体适配度的评价指标体系及拟合结果 表 3-12

指标	CMIN/DF	GFI	RMSEA	NFI	TLI	CFI	PGFI	PNFI
测量值	1.427	0.927	0.038	0.944	0.979	0.982	0.707	0.789
标准	<3	>0.9	<0.08	>0.9	>0.10	>0.12	>0.5	>0.5
是否符合	YES	YES	YES	YES	YES	YES	YES	YES

由表 3-12 可知 $CMIN/DF=1.427<3$、$GFI=0.927>0.9$、$RMSEA=0.038<0.05$,说明本书建立的理论模型与采集数据的适配效果良好,各指标均符合拟合标准。增值拟合指数中,NFI、TLI、CFI 的值均大于 0.9 的拟合临界值,完全符合拟合标准;简约拟合指数中,$PGFI=0.707>0.5$、$PNFI=0.789>0.5$,同样完全符合拟合标准。但需要注意的是,模型拟合程度高并不能作为潜变量间关系得到验证的唯一标准,这只是统计学意义上的显著,还需结合相关理论和既有研究结论对其实际意义进一步判断和分析,当然,本书拟合指标效果良好,说明前期理论模型建立、量表设计和数据采集过程均较为科学、规范。

2. 假设检验结果

(1) 制度因素的影响

如图 3-5 及表 3-13 所示,从修正的结构方程模型图和路径系数表可知,假设"制度因素对社群影响具有显著正向影响"得到支持,影响系数为 0.323,意味着在控制其他条件的情况下,租赁行为引导相关政策强度每增加 1%,则个体受到社群影响程度就增加 32.3%。假设"制度因素对租赁意愿具有显著正向影响"得到支持,影响系数为 0.159,意味着在控制其他条件的情况下,租赁行为引导相关政策强度每增加 1%,则个体租赁意愿程度就增加 15.9%。假设"制度因素对实际行为具有显著正向影响"得到支持,影响系数为 0.291,意味着在控制其他条件的情况下,租赁行为引导相关政策强度每增加 1%,则个体做出租赁行为或租赁推广行为的程度相应增加 29.1%。值得注意的是,通过同一因素下的路径系数对比可得出,制度因素对社群影响的作用程度最高,实际租赁行为次之,租赁意愿最弱。

(2) 感知易用的影响

从修正的结构方程模型图和路径系数表可知,假设"感知易用对租赁意愿具有显著正向影响"得到支持,影响系数为 0.193,意味着在控制其他条件的情况下,感知易用强度每增加 1%,则租赁意愿就增加 19.3%。

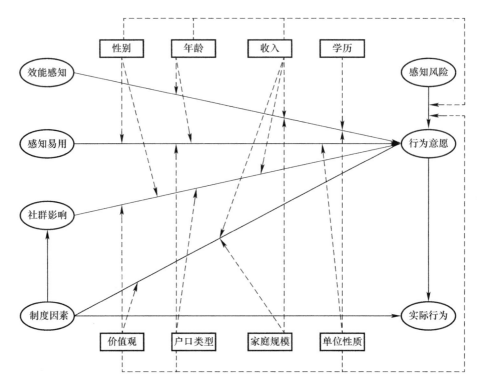

图 3-5　修正优化后的城市青年群体住房租赁行为驱动机理模型图

结构方程模型路径分析结果　　　　　　　　　　　　　　　　　表 3-13

假设	路径	Estimate	标准路径系数	S.E.	C.R.	P
H_1	制度因素→社群影响	0.294	0.323	0.054	5.46	***
H_6	感知风险→行为意愿	−0.262	−0.217	0.078	−3.353	***
H_7	效能感知→行为意愿	0.333	0.269	0.089	3.737	***
H_5	感知易用→行为意愿	0.207	0.193	0.083	2.504	**
H_4	社群影响→行为意愿	0.166	0.15	0.073	2.276	**
H_2	制度因素→行为意愿	0.16	0.159	0.068	2.373	**
H_3	制度因素→实际行为	0.236	0.291	0.052	4.571	***
H_8	行为意愿→实际行为	0.26	0.323	0.065	3.992	***

注：* 表示在 0.1 水平上显著，** 表示在 0.05 水平上显著，*** 表示在 0.01 水平上显著。

（3）感知风险的影响

从修正的结构方程模型图和路径系数表可知，假设"感知风险对行为意愿具有显著负向影响"得到支持，影响系数为−0.217，意味着在控制其他条件的情况下，感知风险强度每增加 1%，则租赁意愿程度就降低 21.7%。

（4）效能感知的影响

从修正的结构方程模型图和路径系数表可知，假设"效能感知对行为意愿具有显著正向影响"得到支持，影响系数为 0.269，意味着在控制其他条件的情况下，效能感知强度每增加1%,则租赁意愿程度就增加26.9%。

(5) 社群影响的影响

从修正的结构方程模型图和路径系数表可知,假设"社群影响对行为意愿具有显著正向影响"得到支持,影响系数为0.15,意味着在控制其他条件的情况下,社群影响强度每增加1%,则租赁意愿程度就增加15%。

(6) 行为意愿的影响

从修正的结构方程模型图和路径系数表可知,假设"行为意愿对实际行为具有显著正向影响"得到支持,影响系数为0.323,意味着在控制其他条件的情况下,行为意愿强度每增加1%,则实际行为程度就增加32.3%。

3. 中介效应分析

(1) 从表3-14可知,感知风险→行为意愿→实际行为的中介效应为-0.0704,显著性$P<0.05$,说明中介效应显著。同时置信区间为(-0.156,-0.011)不包括0,中介效应显著。

中介效应检验结果　　　　　　　　　　　　表3-14

作用路径	中介效应	Lower	Upper	P
感知风险→行为意愿→实际行为	-0.0704	-0.156	-0.011	0.026
效能感知→行为意愿→实际行为	0.0864	0.028	0.157	0.01
感知易用→行为意愿→实际行为	0.0608	0.004	0.118	0.029
制度因素→行为意愿→实际行为	0.0512	0.006	0.081	0.042
制度因素→社群影响→行为意愿→实际行为	0.0154	0.001	0.031	0.032

(2) 效能感知→行为意愿→实际行为的中介效应为0.0864,显著性$P<0.05$,说明中介效应显著。同时置信区间为(0.028,0.157)不包括0,中介效应显著。

(3) 感知易用→行为意愿→实际行为的中介效应为0.0608,显著性$P<0.05$,说明中介效应显著。同时置信区间为(0.004,0.118)不包括0,中介效应显著。

(4) 制度因素→行为意愿→实际行为的中介效应为0.0512,显著性$P<0.05$,说明中介效应显著。同时置信区间为(0.006,0.081)不包括0,中介效应显著。

(5) 制度因素→社群影响→行为意愿→实际行为的中介效应为0.0154,显著性$P<0.05$,说明中介效应显著。同时置信区间为(0.001,0.031)不包括0,也说明中介效应显著。

4. 调节效应分析

根据前文中构建的理论模型,本书的调节变量为9个,即性别、年龄、收入、学历、户口类型、家庭规模、工作单位性质、租房经验、传统价值观感染程度,其中在数据收集过程中年龄、租房经验设置为分类变量,年龄为连续变量。温忠麟等学者论述调节效应分析方法时提出,类别型调节变量可采用多群组分析[170]。为便于不同调节变量之间的分析和对比,本书将年龄数据转换为分类变量,将样本中最大值和最小值取平均作为分界点,将年龄转换为分类变量。因此,本章节设置虚拟变量:受访者性别为男性(GEN=1),女性(GEN=0);受访者年龄为20~30岁(AGE=1),31~40岁(AGE=0);收入为中等及以下水平(INC=0),中等以上水平(INC=1);学历为本科以下(EDU=0),本科及以上(EDU=1);传统价值观感染程度为高传统文化影响(VALUE=0),低传统文化影响(VALUE=1);户口为本地(HUKOU=0),外地(HUKOU=1);家庭规模为3人及以下(FAMILY=0),3人以上(FAMILY=1);工作单位性质为国有性质(JOB=0),私有性质(JOB=1);受访者最长租赁住房持续时长为1年以下(EXP=[1] 1,0,0]),1-2年(EXP=[1] 0,1,0]),2年以上(EXP=[1] 0,0,1])。对于不同调节变量分类的样本,对应的住房租赁行为驱动机理模型路径图是一致的,但其回归系数、方差、协方差等参数均可不同,假定本次主要研究的是回归系数,可设置不同群组拥有相同的回归系数(但外生变量的方差和协方差可不同),即在两组中对测量模型的系数设置为相等,通过观察系数的变化探究自变量对因变量的影响程度[171](表3-15)。

调节效应假设检验总表　　　　　　　　　　表3-15

	性别	年龄	收入	学历	户口	家庭规模	工作单位性质	价值观	租房经验
效能感知→行为意愿	NO	YES	YES	YES	NO	YES	NO	NO	NO
感知易用→行为意愿	YES	YES	NO	NO	YES	NO	YES	NO	NO
社群影响→行为意愿	YES	NO	NO	NO	NO	NO	NO	YES	NO
制度因素→行为意愿	NO	NO	NO	NO	NO	NO	NO	NO	NO
感知风险→行为意愿	YES	YES	YES	NO	YES	NO	YES	YES	NO

(1)性别调节变量

如表3-16所示,使用多群组分析,当性别作为调节变量时:①效能感知→行为意愿的路径系数无变化,临界比值 $C.R.$ 为-0.917,小于1.96,未达到0.05的显著水平,说明性别对效能感知→行为意愿的调节效应不显著。②感知易用→行为意愿的路径系数有变化,临界比值 $C.R.$ 为2.138,大于1.96,达到0.05的显著水平,说明性别对感知易用→行为意愿的调节效应显著。③社群影响→行为意愿的路径系数有变化,临界比值 $C.R.$ 为-2.372,绝对值大于1.96,达到0.05的显著水平,说明性别对社群影响→行为意愿的调节效应显著。④制度因素→行为意愿的路径系数无变化,临界比值 $C.R.$ 为-1.101,小于1.96,未达到0.05的显著水平,说明性别对制度因素→行为意愿的调节效应不显著。⑤感知风险→行为意愿的路径系数发生变化,临界比值 $C.R.$ 为-2.377,绝对值大于

1.96，达到 0.05 的显著水平，说明性别对感知风险→行为意愿的调节效应显著。

性别变量调节效应检验结果　　表 3-16

作用路径	男性	女性	CR 系数
效能感知→行为意愿	0.306**	0.268**	−0.917
感知易用→行为意愿	0.311**	0.187*	2.138
社群影响→行为意愿	0.155*	0.276**	−2.372
制度因素→行为意愿	0.141*	0.153*	−1.101
感知风险→行为意愿	−0.089	−0.376***	−2.377

注：*** 表示 $P<0.001$，$|C.R.|>3.29$；** 表示 $P<0.01$，$|C.R.|>2.58$；* 表示 $P<0.05$，$|C.R.|>1.96$。

（2）年龄调节变量

如表 3-17 所示，使用多群组分析，当年龄作为调节变量时：①效能感知→行为意愿的路径系数发生变化，临界比值 $C.R.$ 为 2.333，大于 1.96，达到 0.05 的显著水平，说明年龄对效能感知→行为意愿的调节效应显著。②感知易用→行为意愿的路径系数发生变化，临界比值 $C.R.$ 为 2.451，大于 1.96，达到 0.05 的显著水平，说明年龄对感知易用→行为意愿的调节效应显著。③社群影响→行为意愿的路径系数无变化，临界比值 $C.R.$ 为 −1.122 小于 1.96，未达到 0.05 的显著水平，说明年龄对社群影响→行为意愿的调节效应不显著。④制度因素→行为意愿的路径系数发生变化，临界比值 $C.R.$ 为 1.693，小于 1.96，未达到 0.05 的显著水平，说明年龄对制度因素→行为意愿的调节效应不显著。⑤感知风险→行为意愿的路径系数发生变化，临界比值 $C.R.$ 为 −2.548，绝对值大于 1.96，达到 0.05 的显著水平，说明年龄对感知风险→行为意愿的调节效应显著。

年龄变量调节效应检验结果　　表 3-17

研究假设	20~30	31~40	CR 系数
效能感知→行为意愿	0.351***	0.122*	2.333
感知易用→行为意愿	0.195*	0.316***	2.451
社群影响→行为意愿	0.261**	0.3**	−1.122
制度因素→行为意愿	0.269*	0.196*	1.693
感知风险→行为意愿	−0.171	−0.302	−2.548

注：*** 表示 $P<0.001$，$|C.R.|>3.29$；** 表示 $P<0.01$，$|C.R.|>2.58$；* 表示 $P<0.05$，$|C.R.|>1.96$。

（3）收入调节变量

如表 3-18 所示，使用多群组分析，当收入作为调节变量时：①效能感知→行为意愿的路径系数发生变化，临界比值 $C.R.$ 为 2.150，绝对值大于 1.96，达到 0.05 的显著水平，说明收入对效能感知→行为意愿的调节效应显著。②感知易用→行为意愿的路径系数发生变化，临界比值 $C.R.$ 为 −0.071，绝对值小于 1.96，未达到 0.05 的显著水平，说明收入对感知易用→行为意愿的调节效应不显著。③社群影响→行为意愿的路径系数发生变化,临界比值 $C.R.$ 为 -2.013,绝对值大于 1.96,达到 0.05 的显著水平,说明收入对社群影响→行为意愿的调节效应显著。④制度因素→行为意愿的路径系数发生变化,临界比值 $C.R.$ 为 -2.693,绝对值大于 1.96,达到 0.05 的显著水平,说明收入对制度因素→行为意愿的调节效应显著。⑤感知风险→行为意愿的路径系数发生变化,临界比值 $C.R.$ 为 -2.039,绝对值大于 1.96,达到 0.05 的显著水平,说明收入对感知风险→行为意愿的调节效应显著。

收入变量调节效应检验结果　　　　　　　　　　　　　表 3-18

研究假设	中等及以下	中等以上	CR 系数
效能感知→行为意愿	0.142*	0.301**	2.150
感知易用→行为意愿	0.224**	0.219**	-0.071
社群影响→行为意愿	0.224**	0.113**	-2.013
制度因素→行为意愿	0.246**	0.090	-2.693
感知风险→行为意愿	-0.039	-0.293***	-2.039

注:*** 表示 $P<0.001$,$|C.R.|>3.29$;** 表示 $P<0.01$,$|C.R.|>2.58$;* 表示 $P<0.05$,$|C.R.|>1.96$。

(4) 学历调节变量

如表 3-19 所示,使用多群组分析,当学历作为调节变量时:①效能感知→行为意愿的路径系数发生变化,临界比值 $C.R.$ 为 -2.374,绝对值大于 1.96,达到 0.05 的显著水平,说明学历对效能感知→行为意愿的调节效应显著。②感知易用→行为意愿的路径系数发生变化,临界比值 $C.R.$ 为 0.331,绝对值小于 1.96,未达到 0.05 的显著水平,说明学历对感知易用→行为意愿的调节效应不显著。③社群影响→行为意愿的路径系数变化,临界比值 $C.R.$ 为 -0.530,绝对值小于 1.96,未达到 0.05 的显著水平,说明学历对社群影响→行为意愿的调节效应不显著。④制度因素→行为意愿的路径系数发生变化,临界比值 $C.R.$ 为 0.083,绝对值小于 1.96,未达到 0.05 的显著水平,说明学历对制度因素→行为意愿的调节效应不显著。⑤感知风险→行为意愿的路径系数发生变化,临界比值 $C.R.$ 为 -0.849,绝对值小于 1.96,未达到 0.05 的显著水平,说明学历对感知风险→行为意愿的调节效应不显著。

学历变量调节效应检验结果　　　　　　　　　　　　　表 3-19

研究假设	低学历	高学历	CR 系数
效能感知→行为意愿	0.348***	0.201**	-2.374
感知易用→行为意愿	0.177*	0.211**	0.331
社群影响→行为意愿	0.159*	0.077	-0.530
制度因素→行为意愿	0.145*	0.171*	0.083
感知风险→行为意愿	-0.198*	-0.286**	-0.849

注:*** 表示 $P<0.001$,$|C.R.|>3.29$;** 表示 $P<0.01$,$|C.R.|>2.58$;* 表示 $P<0.05$,$|C.R.|>1.96$。

（5）传统价值观感染程度调节变量

如表3-20所示，使用多群组分析，当传统价值观感染程度作为调节变量时：①效能感知→行为意愿的路径系数发生变化，临界比值$C.R.$为0.836，绝对值小于1.96，未达到0.05的显著水平，说明传统价值观感染程度对效能感知→行为意愿的调节效应不显著。②感知易用→行为意愿的路径系数发生变化，临界比值$C.R.$为0.469，绝对值小于1.96，未达到0.05的显著水平，说明传统价值观感染程度对感知易用→行为意愿的调节效应不显著。③社群影响→行为意愿的路径系数发生变化，临界比值$C.R.$为1.979，绝对值大于1.96，达到0.05的显著水平，说明传统价值观感染程度对社群影响→行为意愿的调节效应显著。④制度因素→行为意愿的路径系数发生变化，临界比值$C.R.$为2.017，绝对值大于1.96，达到0.05的显著水平，说明传统价值观感染程度对制度因素→行为意愿的调节效应显著。⑤感知风险→行为意愿的路径系数发生变化，临界比值$C.R.$为2.740，绝对值大于1.96，达到0.05的显著水平，说明传统价值观感染程度对感知风险→行为意愿的调节效应显著。

传统价值观感染程度变量调节效应检验结果　　　表3-20

研究假设	高传统文化影响	低传统文化影响	CR系数
效能感知→行为意愿	0.221**	0.291**	0.836
感知易用→行为意愿	0.182*	0.239**	0.469
社群影响→行为意愿	0.045	0.155*	1.979
制度因素→行为意愿	0.084	0.190*	2.017
感知风险→行为意愿	−0.505***	−0.097	2.740

注：*** 表示 $P<0.001$，$|C.R.|>3.29$；** 表示 $P<0.01$，$|C.R.|>2.58$；* 表示 $P<0.05$，$|C.R.|>1.96$。

（6）户口类型调节变量

如表3-21所示，使用多群组分析，当户口类型作为调节变量时：①效能感知→行为意愿的路径系数发生变化，临界比值$C.R.$为−0.536，绝对值小于1.96，未达到0.05的显著水平，说明户口类型对效能感知→行为意愿的调节效应不显著。②感知易用→行为意愿的路径系数发生变化，临界比值$C.R.$为−2.130，绝对值大于1.96，达到0.05的显著水平，说明户口类型对感知易用→行为意愿的调节效应显著。③社群影响→行为意愿的路径系数发生变化，临界比值$C.R.$为1.974，绝对值大于1.96，达到0.05的显著水平，说明户口类型对社群影响→行为意愿的调节效应显著。④制度因素→行为意愿的路径系数发生变化，临界比值$C.R.$为0.274，绝对值小于1.96，未达到0.05的显著水平，说明户口类型对制度因素→行为意愿的调节效应不显著。⑤感知风险→行为意愿的路径系数发生变化，临界比值$C.R.$为2.072，绝对值大于1.96，达到0.05的显著水平，说明户口类型对感知风险→行为意愿的调节效应显著。

户口类型变量调节效应检验结果　　　　　　　　　　　　表 3-21

研究假设	本地	外地	CR 系数
效能感知→行为意愿	0.294**	0.214*	−0.536
感知易用→行为意愿	0.219*	0.074	−2.130
社群影响→行为意愿	0.103	0.252*	1.974
制度因素→行为意愿	0.153*	0.209**	0.274
感知风险→行为意愿	−0.238***	−0.128*	2.072

注：*** 表示 $P<0.001$，$|C.R.|>3.29$；** 表示 $P<0.01$，$|C.R.|>2.58$；* 表示 $P<0.05$，$|C.R.|>1.96$。

（7）家庭规模调节变量

如表 3-22 所示，使用多群组分析，当家庭规模作为调节变量时：①效能感知→行为意愿的路径系数发生变化，临界比值 $C.R.$ 为 2.395，绝对值大于 1.96，达到 0.05 的显著水平，说明家庭规模对效能感知→行为意愿的调节效应显著。②感知易用→行为意愿的路径系数发生变化，临界比值 $C.R.$ 为 0.285，绝对值小于 1.96，未达到 0.05 的显著水平，说明家庭规模对感知易用→行为意愿的调节效应不显著。③社群影响→行为意愿的路径系数发生变化，临界比值 $C.R.$ 为 −2.632，绝对值大于 1.96，达到 0.05 的显著水平，说明家庭规模对社群影响→行为意愿的调节效应显著。④制度因素→行为意愿的路径系数发生变化，临界比值 $C.R.$ 为 0.143，绝对值小于 1.96，未达到 0.05 的显著水平，说明家庭规模对制度因素→行为意愿的调节效应不显著。⑤感知风险→行为意愿的路径系数发生变化，临界比值 $C.R.$ 为 0.640，绝对值小于 1.96，未达到 0.05 的显著水平，说明家庭规模对感知风险→行为意愿的调节效应不显著。

家庭规模变量调节效应检验结果　　　　　　　　　　　　表 3-22

研究假设	小型	大型	CR 系数
效能感知→行为意愿	0.089	0.412***	2.395
感知易用→行为意愿	0.148*	0.206**	0.285
社群影响→行为意愿	0.356***	0.053	−2.632
制度因素→行为意愿	0.157*	0.183*	0.143
感知风险→行为意愿	−0.257**	−0.168*	0.640

注：*** 表示 $P<0.001$，$|C.R.|>3.29$；** 表示 $P<0.01$，$|C.R.|>2.58$；* 表示 $P<0.05$，$|C.R.|>1.96$。

（8）工作单位性质调节变量

如表 3-23 所示，使用多群组分析，当工作单位性质作为调节变量时：①效能感知→行为意愿的路径系数发生变化，临界比值 $C.R.$ 为 −0.028，绝对值小于 1.96，未达到 0.05 的显著水平，说明工作单位性质对效能感知→行为意愿的调节效应显著。②感知易用→行为意愿的路径系数发生变化，临界比值 $C.R.$ 为 −3.234，绝对值大于 1.96，达到 0.05 的显著水平，说明工作单位性质对感知易用→行为意愿的调节效应显著。③社群影响→行为意愿的路径系数发生变化，临界比值 $C.R.$ 为 −1.823，绝对值小于 1.96，未达到 0.05 的显著水平，说明工作单位性质对社群影响→行为意愿的调节效应不显著。④制度因素→行为意愿的路径系数发生变化，临界比值 $C.R.$ 为 -0.248，绝对值小于 1.96，未达到 0.05 的显著水平，说明工作单位性质对制度因素→行为意愿的调节效应不显著。⑤感知风险→行为意愿的路径系数发生变化，临界比值 $C.R.$ 为 -2.091，绝对值大于 1.96，达到 0.05 的显著水平，说明工作单位性质对感知风险→行为意愿的调节效应显著。

工作单位性质变量调节效应检验结果   表 3-23

研究假设	国有	私有	CR 系数
效能感知→行为意愿	0.267**	0.239**	-0.028
感知易用→行为意愿	0.646***	0.171**	-3.234
社群影响→行为意愿	0.109	0.153*	-1.823
制度因素→行为意愿	0.176*	0.160*	-0.248
感知风险→行为意愿	$-0.137*$	$-0.260**$	-2.091

注：*** 表示 $P<0.001$，$|C.R.|>3.29$；** 表示 $P<0.01$，$|C.R.|>2.58$；* 表示 $P<0.05$，$|C.R.|>1.96$。

（9）租房经验调节变量

如表 3-24 所示，使用多群组分析，当租房经验作为调节变量时：①效能感知→行为意愿的路径系数无变化，临界比值 $C.R.$ 为 0.121，小于 1.96，未达到 0.05 的显著水平，说明租房经验对效能感知→行为意愿的调节效应不显著。②感知易用→行为意愿的路径系数无变化，临界比值 $C.R.$ 为 -0.929，小于 1.96，未达到 0.05 的显著水平，说明租房经验对感知易用→行为意愿的调节效应不显著。③社群影响→行为意愿的路径系数无变化，临界比值 $C.R.$ 为 1.074，小于 1.96，未达到 0.05 的显著水平，说明租房经验对社群影响→行为意愿的调节效应不显著。④制度因素→行为意愿的路径系数无变化，临界比值 $C.R.$ 为 0.236，小于 1.96，未达到 0.05 的显著水平，说明租房经验对制度因素→行为意愿的调节效应不显著。⑤感知风险→行为意愿的路径系数无变化，临界比值 $C.R.$ 为 -0.2，小于 1.96，未达到 0.05 的显著水平，说明租房经验对感知风险→行为意愿的调节效应不显著。

租房经验变量调节效应检验结果   表 3-24

研究假设	1 年以下	1~2 年	2 年以上	CR 系数
效能感知→行为意愿	0.22**	0.285**	0.33	0.121
感知易用→行为意愿	0.252**	0.073	0.271	-0.929
社群影响→行为意愿	0.184*	0.218**	-0.007	1.074
制度因素→行为意愿	0.032	0.188*	0.278	0.236
感知风险→行为意愿	0.105	0.213*	0.056	-0.200

注：*** 表示 $P<0.001$，$|C.R.|>3.29$；** 表示 $P<0.01$，$|C.R.|>2.58$；* 表示 $P<0.05$，$|C.R.|>1.96$。

（五）小结

本章节在前文对于 6 类城市青年群体住房租赁行为重要影响因素挖掘的基础上，引入计划行为研究领域的经典综合性模型 UTAUT 模型，借鉴经典模型中的变量设置和变量间相关关系的设定，初步提出了包含效能感知、感知易用、社群影响、制度因素、感知风险、行为意愿、实际行为、个体特征、经验的 9 项内生变量、外生变量、调节变量的城市青年群体住房租赁行为驱动机理理论模型，并构建 18 项理论假设。进而，基于模型设置调查量表，并以西安市为例展开实地调研，采用结构方程模型处理数据结果，通过假设检验分析得到了中介效应结果、调节效应结果、路径系数结果等，最终构建了修正后的城市青年群体住房租赁行为形成机理理论模型。行为驱动机理的明确，为后续政策效果评价及政策供需匹配分析打下了基础。

四、住房租赁政策评价及匹配分析

（一）基于政策网络的住房租赁引导政策供需匹配模型搭建

1. 引导政策供需匹配理论模型构建

（1）政策匹配网络模型构建过程

前文系统探讨了城市青年群体住房租行为驱动机理，对行为驱动过程的直接效应、中介效应、调节效应等进行了分析，进而得出了对住房租赁行为具有驱动作用的直接因素为行为意愿、制度因素，间接因素为效能感知、感知易用、社群影响、感知风险，中介变量为行为意愿和社群影响，这两个中介变量在不同路径中存在完全中介效应和部分中介效应，调节变量为8项个体特征，即性别、年龄、收入、学历、工作单位性质、家庭规模、户口类型和价值观。理论上来讲，干预上述变量状态可通过机理传导效应，有效驱动住房租赁意愿和实际行为。因此，本小节在引导政策供需匹配模型搭建中的基本思路为：将已出台的与住房租赁引导相关的政策视为现实供给；以行为引导机理为基础，分析出政策作用点，将其视为政策需求，测度政策需求在政策供给中的满足程度，即为政策匹配效果。

近年来从中央到地方都密集出台了多项住房租赁相关政策，包括计划、规划、规定、通知等。住房租赁政策集存在数量多、关系复杂、属性繁复的特点，因而本章节考虑利用复杂网络理论搭建政策供给网络，并探究其中需求节点的网络特征，以度量供需匹配程度。除了传统政策网络理论以政策利益相关主体作为节点构建网络，并使用复杂网路相关指标进行探讨之外。本书还使用基于文本计量的政策文本网络研究范式，挖掘政策文本中涉及的发布机构、政策目标、政策工具等多类别内容，分别构建相应的网络结构，分析其演化机制、聚类情况等。政策文件是政府行为的实际载体，其具有正式性、系统性和可追溯性，是政策分析的事实基础[172]。政策文本包含多种类型（例如公开发表类和内部发布类、正式形式和口头宣告等分类方式），其形式包含但不限于计划、通告、公报、公告、决议等[173]。政策文件具有计划蓝图、行为规范、提供政府治理等功能。

政策目标、政策工具、施策主体可分别构成单一网络，例如政策目标共现网络、政策工具共现网络、施策主体合作网络等多种形式。然而，单一研究同一类型节点的网络往往会忽视了异质节点之间可能存在的隶属关系，即连边异质性。同一政策目标可能由多种政策工具共同实现，一个施策主体可能存在于多个政策目标执行协同合作集中，因而，政策目标、政策工具、施策主体所形成的单一网络会存在层与层之间的连边。也可以理解为不同系统之间、系统中不同元素网络之间存在着依赖关系。基于上述特征分析，本书采用依存型多层网络的概念进行三层复杂政策网络的搭建和分析。Buldyrev（2010）[174]突破多维型多层网络的局限，提出依存性多层网络（interdependent networks）的概念，将其定义为"由 n 个单个网络构成（$n>2$），同一网络内的节点具有同质性，但不同网络间的节点异质，且不同层网络节点间可产生连边"。然而 Buldyrev 给出的初始假设非常严格，即每层网络节点数一致、不同层节点间存在一对一的连边关系。后来的研究者结合现实中的网络特征对假设进行了放松，节点数随机设置、层与层之间节点按某一概率随机依存[175-176]。

住房租赁"政策目标—政策工具—施策主体—利益相关主体"依存性多层网络匹配模型如图 4-1 所示。匹配模型构建可分为两阶段：①第一阶段为政策供给网络搭建，以不同政策文本类别为层，将政策目标、政策工具、施策主体、利益相关主体抽象为 4 个单个网络构成的网络集，以（G，C）表示整个四层政策网络，G 表示单个网络集合，C 表示不同层间连边（dependency link），可进一步建立网络层内的邻接矩阵和网络层间的邻接矩阵。由于不存在因果指向性，政策目标、政策工具、施策主体单个网络节点间的边无向，住房租赁政策单个网络为无向有权网络，同理，层间连边也应为无向有权。②第二阶段为政策需求节点匹配，若供给网络中没有相应的需求节点，则说明此政策的需求与供给为完全不匹

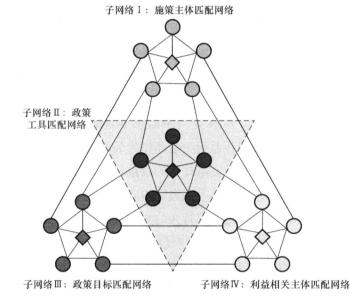

图 4-1　住房租赁"政策目标—政策工具—施策主体—利益相关主体"依存性多层网络匹配模型

注：本图仅为示意，将需求节点画在供给网络中央，无任何实际的逻辑和现实意义。

配。若存在相应的政策需求节点,则可利用节点的网络拓扑关系,通过度中心性、介性中心性等复杂网络指标衡量政策需求节点在供给网络中的重要度。重要度高则可判断该政策的需求与供给完全匹配(进入政策供给网络重要节点 TOP10);重要度低则为部分匹配(存在于供给网络中但未进入重要节点 TOP10)。通过基于复杂网络的引导政策匹配模型,可基于定量研究将住房租赁政策供给与需求划分为完全匹配、部分匹配和完全不匹配三个度。

(2) 政策匹配网络指标设置

社会网络分析(social network analysis,SNA)并不是仅仅依赖这种主要来自直接参与这些事件的人的定性描述,而是为探索个人之间和群体内部的联系提供经验数据[177]。在本章节所列设的三类网络中,部门合作网络适宜利用 SNA 理论和范式进行分析,目标网络和工具网络是基于内容分析法,适用于基础的复杂网络指标分析。因而,可以为部门网络中的各个节点分配非网络相关的属性,例如角色、组织所属类型等。在利用复杂网络理论分析的过程中,研究从宏观和微观双维度展开,微观指标用以度量具体节点在网络中位置,宏观指标用以反映网络总体结构。下文中 1) 用于分析四维网络的耦合依存情况;2)～4) 用以分析政策供给网络的整体特征,5)～7) 用以分析政策供给网络中具体政策需求节点的特征,以判断这一政策需求与政策供给的匹配情况。具体网络评价指标如下:

1) 多维尺度变换(multidimensional scaling,MDS):与主成分分析相类似,是一种有效的降维方式,其可获得样本间相似性的空间表达。在本书中,MDS 用来衡量四维政策网络中各个节点间的社会相似性或差异性,使同质性节点被放置在更靠近的地方,而异质性节点被放置在彼此相距较远的地方。利用应力系数拟合 MDS,取值范围在 0 到 1 之间,越接近于 0,则数据拟合就越相关。

2) 网络密度(network density)指标用来描绘网络中节点的聚集程度。网络密度取值在 0 到 1 之间,全局耦合网络的密度最大,为 1。其计算规则为网络中实际存在的连线数量占现存节点可产生的最大连线数量的比值。公式如下:

$$d = \frac{L}{n(n-1)/2} \quad (4\text{-}1)$$

其中,d 为网络密度,L 为节点的实际连线数,n 为网络中的节点数,进一步讲,$n(n-1)/2$ 代表节点数为 n 的全局耦合网络中的连线数量。

3) 网络中心势(network centralization)测算全局网络的整体中心性,用来表现研究对象共现网络和影响因素共现网络中的节点在多大程度上围绕中心点,与中心点产生连线关系。其计算规则为:第一步求出全部 n 个节点中的最大节点中心度;第二步分别计算其余 $n-1$ 个节点中心度与最大节点中心度的差值;第三步将 $n-1$ 个节点中心度差值累计值与最大节点中心度做比值。从计算规则可得,网络中心势与研究融合集中程度成正比,公式如下:

$$C = \frac{\sum_{i=1}^{n}(C_{\max}-C_i)}{\max\left[\sum_{i=1}^{n}(C_{\max}-C_i)\right]} \tag{4-2}$$

其中，n 为网络中的节点数，$C_{\max}$ 是最大的节点中心度，C_i 是节点 i 的中心度值，$i=1, 2, \ldots\ldots, n$，C 为网络中心势。

4）网络聚类系数（clustering coefficient of network）分为全局集聚系数和局部集聚系数，全局面向网络整体，局部面向每一个节点，本章节涉及的网络为无向网络。节点聚类系数的计算规则是单个节点实际边数与该节点可能存在的最大连边数做比值，而最大连边数即为 $n-1$。全局网络的聚类系数计算规则为全部节点聚类系数的平均值。公式如下：

$$\alpha_i = \frac{2E_i}{k_i(k_i-1)} \tag{4-3}$$

$$CC_{ai} = \frac{\sum_{i=1}^{n}\alpha_i}{n} \tag{4-4}$$

其中，n 为全局网络中的总节点数，α_i 表示节点 i 的聚类系数，且 $\alpha_i \in [0, 1]$，CC_{ai} 代表全局集聚系数。

5）社团检测模块度（Modularity）：模块度函数是由 Newman 和 Girvan 在 2004 年提出的一种用于评估社区划分的全局目标函数[178]，其目的是在复杂网络中发现社团结构，本书采用 Q 值来衡量社区划分质量，其他指标还有 NMI（标准互信息）、兰德指数等。当所有节点都归属同一个社区的时候，$Q=0$，Q 值越大说明社区的结构越清晰[179]。公式如下：

$$Q = \frac{1}{2e}\sum_{i \neq j}\left(G_{ij} - \frac{k_i k_j}{2e}\right)\delta(C_i, C_j) \tag{4-5}$$

其中，G_{ij} 是整个网络对应的邻接矩阵的任意元素（在无向无权图情况下），若节点 i 和节点 j 之间存在连边，则 G_{ij} 为 1，否则为 0。

6）接近中心度（Closeness centrality）：计算网络中一个点到其他所有点的距离的总和，总和越小说明该点到其他所有点的路径越短，即该点距离其他所有点越近。接近中心度的数学表达为空间距离的倒数 $C(x) = \frac{1}{\sum_{y}d(y,x)}$，将其归一化处理后取值范围在 0 到 1 之间。在有向网络中，根据指向还可分为入接近中心度（in-）和出接近中心度（out-），前者表达网络的整合力，后者表达网络的辐射力，本章节所涉及政策网络不具有方向性。

7）中介中心度（Betweenness centrality）：反映节点 i 在同一网络中其他任意两个阶段 k 和 j 的最短路径中占比情况。

2. 政策供给数据采集与网络耦合

（1）住房租赁数据采集与清洗

长期以来，住房租赁市场的培育和发展并未作为我国住房领域的重点问题和工作被给予足够关注，从中央政府到地方政府的相关政策、规范等未及时跟进。2015年以来，在中央政府的关注和引导下，各地逐步出台了一些针对性政策对住房租赁市场长期积累的市场秩序、市场构成等问题进行尝试性解决。然而，创新性举措和系统性方案主要存在于国务院、住房和城乡建设部认定的住房租赁市场发展试点城市，试点政策突破现有单一体制和中央集权的制度刚性，增强了政策的灵活性和适应性，推动了各地区、各领域的政策创新与治理改革[180]。其他地区大多仅转发上级文件，未深度结合本地情况提出相匹配的精准措施。又考虑到试点城市工作由国家、省两级共同指导，试点城市的政策创新会反向推动省一级相关部门政策制定的创新能力，并且省级部门政策具有更大区域内的有效性。

因而，本章节住房租赁引导政策文本数据库由中央政府、试点城市和试点城市所在省份的相关文件组成，可最大限度忽略重复性、上传下达式的低效、低水平政策目标、政策工具。由于先后存在3批次试点城市（表4-1），本章将试点城市子集做并集，得出需采集数据的全部试点共计19个，即广州、深圳、肇庆、北京、南京、杭州、厦门、福州、武汉、成都、沈阳、合肥、郑州、佛山、上海、长春、济南、长沙、重庆，试点所在省份共计10个，即广东、江苏、浙江、福建、湖北、四川、辽宁、安徽、河南、吉林。住房租赁引导政策文本库中不仅包含主题、标题为住房租赁的完整政策，还包含在其他主题政策中提及住房租赁的部分政策条目。

住房租赁市场试点城市集　　　　　　　　　　　　　　　表4-1

发布时间	文件名	试点个数	具体城市
2017.7.20	《关于在人口净流入的大中城市加快发展住房租赁市场的通知》	12	广州、深圳、南京、杭州、厦门、武汉、成都、沈阳、合肥、郑州、佛山、肇庆
2017.8.21	《利用集体建设用地建设租赁住房试点方案》	13	北京、上海、沈阳、南京、杭州、合肥、厦门、郑州、武汉、广州、佛山、肇庆、成都
2019.7.18	《2019年中央财政支持住房租赁市场发展试点入围城市名单公示》	16	北京、长春、上海、南京、杭州、合肥、福州、厦门、济南、郑州、武汉、长沙、广州、深圳、重庆、成都

本章节政策文本全部来源于国务院及各省市人民政府及住房和城乡建设部门官方网站的公开发布文件模块，政府网站不提供用于数据下载的批量下载选项或应用程序编程接口（API），但数据库基本均支持高级检索功能。以（title＝"住房租赁市场" OR keyword＝"住房租赁市场" OR full context＝"住房租赁市场"）为检索式进行高相关度政策文件检索，其中""符号保证检索过程中词组的完整性，不会出现住房、租赁、市场拆分检索情况，保障了文本内容的准确性，尤其很好地剔除了大量出台的公共租赁住房、公有住房出租等相关文件。虽然政府文件分为公开发布和非公开发布两种类型，但公开获取的住房租赁市场相关政策体量较大，可基本反映政策的主要内容。

住房租赁市场相关政策2000年以前较少，因而本书只涉及2000年之后出台的文件。根据图4-2，2016年国务院出台《关于加快培育和发展住房租赁市场的若干意见》（国办发〔2016〕39号）之前，几乎没有针对性较强的政策文件。而在此之后，住房和城乡建设部相继确定了住房租赁市场发展试点城市和利用集体土地建设租赁住房试点城市，相关省级和市级地方政府开始密集、大量地补齐政策体系缺陷，出台了大量的政策文件以期加强供给、引导消费、规范市场。因此，根据文件数量增长的拐点和规律，将其划分为5个基本阶段，阶段一：2000—2015年，阶段二：2016年，阶段三：2017年，阶段四：2018年，阶段五：2019—2020年，后文中演化分析也依照此时序划分。

图4-2 政策文本出台时间分布

与政策工具在文本中的难提取性相比，施策主体字符数短且上下文位置较为固定，政策目的多以"为了……""以实现……""促进……""使得……"开头，句式结构较为明晰，因而本节利用数据库技术快速、准确提取、分类政策工具。基于上文制定的政策工具双维度嵌套结构，借用内容分析和情感分析领域中用于识别文本情感倾向的语义匹配数据库概念——文本情感语料库，建立专门的住房租赁引导政策工具识别中文语料库。政策工具语料库建设可分为政策全文采集、文本数据预处理、语料分类及标注和标注质量评价4个基本步骤。

关于数据来源和收集过程前文已做了非常详细的表述，语料库建设流程见图4-3。关于数据预处理，政策工具分类分析需要获取政策全文信息，本书分别通过保存网页和直接粘贴内容两种方式，获得了html和docx两种格式的文档，并将其都转化为txt格式。如出现文本乱码或显示不全问题，可以采用两种版本研究档相互比对的方法进行纠错，以保证文本可靠性符合标准。格式清洗后的政策文本内容可分为基本信息和正文两部分，我国公共政策遵循着一定的公文写作原则。措施即政策工具几乎全部出现在政策措施、保障措施部分或以并列的形式单独成文，因而在正文中，可利用整段批量剔除的方式清理首段以及基本原则、指导思想等其他部分，以提高后续政策工具分类标记效率。值得注意的是，文件可分为针对住房租赁引导的专门性文件和部分提及住房租赁引导的相关性文件，对于前者，全文语句编号，对于后者，仅对出现"住房租赁""出租房"等相关关键词的内容进行语句编号。内容清洗后的正文部分按句分割编码。处理后的政策文本以xml格式存储，xml文件中标签集合见表4-2。

四、住房租赁政策评价及匹配分析

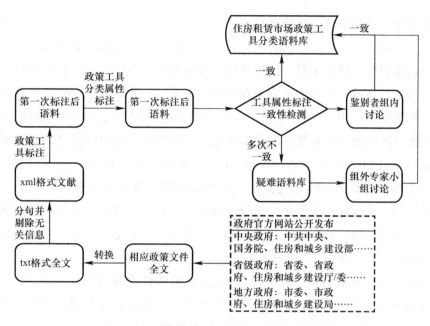

图 4-3 住房租赁引导政策工具分类语料库建设流程图

xml 格式政策文本标签集合及解释　　　　　　　　　　　　表 4-2

标签码	含义	示例
policydocID	政策文本编号	BJ_2016_01
title	政策文本题目	关于促进本市房地产市场平稳健康发展的若干措施
filepath	数据存储路径	txt \ 北京 \ 2016
docregion	发文地区	北京
sentenceID	语句编号	BJ_2016_01_05_03
department	施策主体	人民政府办公厅
depjoint	是否联合发文	否
pubtype	发文类型	转发
doctype	文件类型	规范性文件
specialdoc	是否专门性文件	否
year	发布年份	2016
length	总字数	1687

　　情感语料库建立过程中的一致性检验一般采用 Kappa 值严格评价，这是因为情感触发词不同个体的感受不尽相同，易于出现不同观点，因而需对疑难语料进行反复判断。而住房租赁引导政策工具语料库相对较为客观，政策工具应归于哪种分类较为明晰，绝大多数鉴别人可得出一致性结论，仅是由于专业程度差异及个别语料模糊性较强使得存疑语料辨别进入小组讨论流程。因而，本节采用一致样本占总样本数比值来评价一致性程度，大于 90% 即认为住房租赁引导政策工具语料库一致性良好。而对于疑难语料库中的数据，利用 Kappa 系数进行判断，依据 Landis 等的研究结果，Kappa 值大于 0.810 时一致性最佳。

（2）住房租赁政策供给网络耦合特点

本小节运用对应分析方法（Correspondence Analysis），以经过清洗的近400份政策文本中提取的政策目标、政策工具、施策主体、政策对象作为样本进行对应分析统计，需要注意的是，由于具体政策文本中信息披露程度的差异，4类分类变量的具体样本数不相一致。对应分析的基本逻辑是：以A、B、C等分类变量组成的交叉列联中的频数计数作为样本，利用散点图的形式将交叉表信息形象化为二维空间中的空间距离，通过聚类方式直观解释变量A（包含A_1，A_2，A_3……）、B（包含B_1，B_2，B_3……）、C（包含C_1，C_2，C_3……）等变量不同类别间的相关关系。本小节涉及简单对应分析（适用于两个分类变量）和多重对应分析（适用于两个以上分类变量）两种，前者是4重变量两两间对应，后者是4重变量对应。对应分析的统计结果包含二维空间图、交叉列联表和统计摘要，其中二维空间图和统计摘要如表4-3、图4-4所示。

值得注意的是，简单对应分析存在一个统计前置条件，即两个分类变量之间具有显著相关性，若两个分类变量均独立，则对应分析结论失去统计意义和理论价值，因此，在对应分析之前，进行了6组分类变量的关联性卡方检验。H_0：两个分类变量间不存在关联性。H_1：两个分类变量间存在关联性。据此设置6组假设，检验结果如表4-3所示。

6组分类变量检验结果　　　　　　　　　　　　　表4-3

分类变量	df	χ^2	$\chi^2_{0.05}$临界值	Sig.	检验结果
政策目标　政策工具	15	27.42	25.00	$p<0.05$	
政策目标　施策主体	24	40.78	36.42	$p<0.05$	
政策目标　利益相关者	12	25.46	21.03	$p<0.05$	拒绝虚无假设，分类变量间存在相关性
政策工具　施策主体	40	59.04	55.76	$p<0.05$	
利益相关者　政策工具	20	70.43	31.41	$p<0.01$	
利益相关者　施策主体	32	47.13	46.19	$p<0.05$	

从表中可看出，假设检验中卡方值均大于临界值，此6组分类变量间均存在相关关系，其中"利益相关者×政策工具"p值小于0.01，与其他5组相比，相关性最强。可能是由于包含政府部门、智库单位、学者论证、公众参与的我国公共政策设计体系不断完善，而公共政策领域利益相关者一般划分为政府、市场、社会3类，在公共政策长期实践中，作用效果较强的政策工具存在规律性。因而，具体到住房租赁引导政策领域，对于三大类群体中的异质性子群体，具体的政策工具类型也较为固定。

图4-4是施策主体、利益相关者、政策工具、政策目标四维网络两两对应形成的6个对应分析空间图，阴影部分是根据不同指标的最小空间距离划分出的聚类，基于对应分析的关联关系定义，对于某一聚类，若指标1的子指标数大于1，则指标2的子指标数为1，反之亦然，聚类间存在重叠或独立特征。

四、住房租赁政策评价及匹配分析

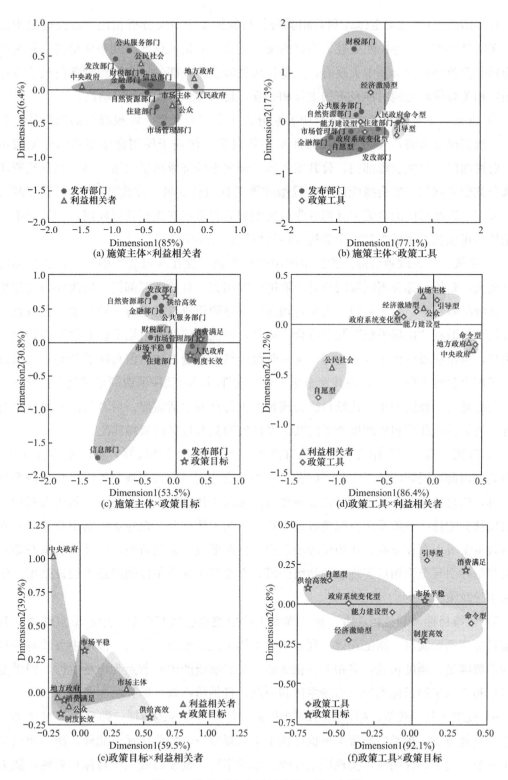

图 4-4　简单对应分析标准化二维空间图

具体而言，1）施策主体×利益相关者：与其他5个对应分析相比，点位聚集程度最高，无明显偏离点，存在两处较为明显的聚类重叠：一是信息部门发布住房租赁相关政策时会同时涉及公民社会和中央政府；二是住房和城乡建设部门和市场管理部门联合发布住房租赁相关政策时会同时涉及市场主体和公众，且与公众的关联程度略高。

2）施策主体×政策工具：该对应关系分为三个主要聚类，财税部门的离群特征较为明显。根据聚类可得，人民政府发布住房租赁政策时倾向于使用命令型和引导型政策工具，财税部门、自然资源部门、公共服务部门倾向于经济激励型政策工具，且自然资源部门和公共服务部门一般会搭配能力建设型政策工具组合施策，住建部门、市场管理部门、金融部门、发改部门的政策工具偏好为自愿型和政府系统变化型共同使用，例如为推进住房租赁市场快速发展成立独立于常规部门的协调领导小组。

3）施策主体×政策目标：此二维图中的聚类独立性在6组数据中最强，信息部门偏离度较大，政策目标和不同部门所处产业链位置相关。自然资源部门、发改部门关注租赁住房供给高效目标，住建部门、市场管理部门更强调租赁市场运行平稳程度，且散点"住建部门"与散点"市场平稳"几乎重合。此外，财税部门处于市场平稳和供给高效两个聚类边界，供给阶段聚焦于开发主体，交易阶段聚焦于消费主体。值得注意的是，人民政府占据了四个目标中的50%，在其发布相关政策文件时同时关注消费满足和制度长效两个目标，前者是由于政府的主要执政目标为满足人民群众的生活需要，后者是由于建立具有连续性、持续性的住房租赁制度所需的政治经济资源只有地区政府相匹配。

4）政策工具×利益相关者：此二维图中三个聚类差异性较强，空间距离分割明显。同级政府内部不同职能部门之间，以及上下级政府之间一般采用强制等级最高的命令型政策工具，信息传递和作用效果反馈效率较高。而对于住房租赁行业协会、承租人互助组织等公民社会主体，一般采用自愿型政策工具。市场主体和公众在经济激励型政策工具和引导型政策工具上存在重叠，在租赁市场和租赁行业形成的初级阶段，以及住房消费逐步从购买强偏好引导至先租后买理念的初级阶段，需要基于两类主体的经济人假设采用经济激励和引导政策。

5）政策目标×利益相关者：此二维图中的聚类重叠极其明显，中心节点清晰，其中政策目标为消费满足、制度长效，利益相关主体为地方政府、公众，涉及中央政府的目标也为消费满足、制度长效，但相关性相对弱。第二层级的中心节点为市场主体，即供给高效目标和市场平稳目标均涉及市场主体和公众，且供给高效目标关联性更强。

6）政策工具×政策目标：此二维图中聚类交叠呈现传递特征，即聚类一与聚类二存在1个重复节点，聚类二与聚类三也存在1个重复节点，如此传递。此外，能力建设型政策工具节点的中心性明显，实现供给高效、市场平稳、制度高效三个目标均要使用能力建设型政策工具，此外，制度高效和消费满足均涉及命令型政策工具。

3. 关键政策需求节点的识别与分析

(1) 关键政策需求的综合分析

前两章的研究揭示了驱动城市青年群体开展住房租赁消费行为的重要因素及因素间的交互作用关系，实证检验后的机理模型中包含 7 个潜变量，即实际行为、行为意愿、感知风险、效能感知、感知易用、社群影响、制度因素，以及 8 个调节变量，即性别、年龄、收入、学历、户口类型、家庭规模、工作单位性质、传统价值观感染程度。假设检验结论为，效能感知、努力期望、社群影响通过意愿中介变量，对租赁实际行为产生显著正向影响；感知风险通过意愿中介变量，对租赁实际行为产生显著负向影响；制度因素对租赁实际行为具有直接正向影响。因而，通过增强租房效能感知、感知易用、社群影响、制度因素，以及降低租房感知风险都能有效提升租赁行为意愿和实际行为。具体而言，效能感知体现在住房租赁消费行为对个体或家庭生产生活带来的帮助程度，例如实现了职住平衡、与购房压力相比减弱了住房消费对其他生活消费的挤出效应等。感知易用体现在住房租赁消费行为所要付出的努力程度，例如潜在消费者在住房租赁市场中实施搜寻行为过程中所消耗的人力（通勤、实地看房等）、物力（补足出租房生活设施等）、财力（中介费等）。社群影响体现为个体在实施住房租赁消费行为过程中感受到的社会压力，既包含"居者有其屋""有恒产者有恒心"等价值观以及住房的投资属性对住房租赁行为的负向影响，也包含"先租后买，梯度消费""长租即长住，长住即安家"等观念对住房租赁行为的正向影响。制度因素体现在个体租赁行为受到与培育发展住房租赁市场相关公共政策的支持和引导，这类政策又可细分为宣传引导型、经济激励型、行政强制型等。

在本小节中，基于行为机理模型，将不同驱动因素抽象为政策网络中的关键目标节点、关键工具节点，将改变这些驱动因素状态所需的施策主体和利益相关主体抽象为政策网络中的关键施策主体节点和关键利益相关主体节点，具体的节点识别与分析见下文。

(2) 关键政策目标需求节点的识别与分析

本小节将政策目标需求节点识别为以下五类、六个节点：

1) 营造全社会关于住房租赁消费的理性氛围。此节点由机理模型中的社群影响抽象而来，根据扎根分析中的子范畴，又可具象为家庭影响、组织氛围、社会影响、文化观念影响。此节点因素以住房租赁消费意愿作为中介变量进而作用至住房租赁实际消费行为，即通过态度改变行为。个体感知其社会人际网络中的熟人主体关于租赁住房消费的态度，以及生人主体所表现出的社会整体意见倾向，都会对其住房租赁消费产生促进或阻碍效果。

2) 住房租赁市场交易效率提升。此节点由机理模型中的感知易用性抽象而来，根据扎根分析中的子范畴，又可具象为搜寻匹配难易度和市场监管强度。此节点以住房租赁消费意愿作为中介变量，进而作用至住房租赁实际消费行为，即通过态度改变行为。感知易用是指租赁住房易于获取、消费障碍度低,涉及住房搜寻、匹配和使用三个行为阶段,根据访谈及问卷结果,现阶段消费者对租赁住房搜寻及交易阶段的效率提升最为敏感。

3) 提升青年群体租赁住房的生活质量。此节点由机理模型中的效能感知抽象而来,又可具象为生活便利性偏好和经济性需求偏好。此节点以住房租赁消费意愿作为中介变量进而作用至住房租赁实际消费行为,即通过态度改变行为。效能感知是指个体感觉使用技术对生产生活带来的帮助程度,指住房消费者感受到租赁住房可基本满足其住房需求,效能感知的提升可驱动城市青年群体产生住房租赁消费行为。

4) 规避青年群体选择租赁住房的各类风险。此节点由机理模型中的感知风险抽象而来,又可具象为安全稳定风险、个人经济风险、交易信任风险。此节点以住房租赁消费意愿作为中介变量进而作用至住房租赁实际消费行为,即通过态度改变行为。风险的现实指向可为,安全稳定风险是租赁住房过程中面临的租约不稳定、强制驱逐等,经济风险是随意上涨租金、押金不退还等,交易信任风险是交易过程中遭遇黑中介、二房东等。由于规避各类风险的提法较为笼统,为了进一步明确政策目标节点指向,将风险分别单设节点,即市场租赁住房的租金价格稳定、提升居民租赁住房的安全稳定性。

5) 确保引导租赁消费及加强租赁市场建设相关政策的长效性。此节点由机理模型中的制度因素抽象而来,又可具象为政策连续性、政策执行效度、政策普及度、政策适用性。此节点直接对住房租赁消费行为产生正向影响,即政策的长效性越强,越能激发和驱动城市青年群体的住房租赁行为,政策本身的属性和质量会对行为产生最为直接的作用,是一个重要的政策目标节点。

(3) 关键政策工具需求节点的识别与分析

政策工具是实现政策目标所需使用的具体手段,基于根据机理模型识别出的政策目标、质性资料中访谈者的政策工具需求以及公共政策相关研究中提出的政策目标与政策工具对应原则,对住房租赁引导政策工具需求进行识别和分析。

1) 法律法规政策工具。通过健全法律体系及承租人利用法律工具保护自身权益的易用性,可降低房租赁主管部门管理和执法难度,约束住房租赁消费全过程中出租方、承租方、中介机构等相关主体的行为,尤其可对承租人提供弱势保护。

2) 补贴补助政策工具。补贴补助属于经济激励型工具,这类政策工具将提供资金支持作为诱发行为的条件而非权威强制,假定为个体追求效用最大化。补贴补助,一方面可用于引导更多市场主体参与专业化、规模化的租赁住房供给;另一方面也可按照分档分级的分配原则直接给予新毕业大学生、新就业职工等,通过降低租赁住房支付压力引导城市青年群体通过租赁方式解决住房问题。

3) 鼓励支持政策工具。鼓励支持属于引导型工具,这类政策工具的使用前提是政策作用对象决策行为的动机是源于自身固守信念、价值判断。通过为青年群体树立理性的住房消费观、在全社会倡导租买平等鼓励支持手段,一定程度上可将个体购房高度偏好的消费价值观扭转至先租后买、量力而行,进而个体的情绪—态度—行为感染群体,实现全社会关于住房租赁的氛围构建。

4) 体制优化政策工具。体制优化属于系统变化型工具,主要是消除政策目标实现过程中的现存固有体制机制障碍。体制优化政策工具需求主要表现在住房租赁专设部门,此专设部门要与房地产部门、保障房部门有所区别,关注市场性租赁住房或在政策支持下由市场主体建设、运营的租赁住房。住房租赁方面单设管理部门有助于保证住房租赁政策的连续性、执行效率等。

5) 信息平台政策工具。信息平台属于能力建设型工具,使个体或机构实现基本功能的永久性变化或提升,进入可持续发展状态。信息平台是指政府直接建立并运行或在政府监督下的成熟住房租赁服务交易平台,通过平台建立可提高租赁市场监管力度和交易公平及效率,增强青年群体对住房租赁消费的感知易用性。

6) 社会组织政策工具。社会组织属于自愿型工具,其特点是政府不参与或较少干预,在自愿的基础上主要依靠其他非政府组织来完成期望中的任务。在文献回顾和发达国家经验中可知,住房租赁领域的社会组织主要是指承租人保护协会,由全社会中正在存续住房租赁消费的承租人组成,为承租人寻求租金稳定、安全保护、公平权益等提供群体支持,是独立于政府但在法律法规允许范围内的组织。

(4) 关键施策主体需求节点的识别与分析

施策主体是指具体实施相关政策手段的部门,其政策发布类型一般可分为人民政府最高效力发布、多部门联合发布、某部门单独发布。施策主体与政策工具紧密相关,由于不同政府部门所辖事务和权力的相对独立性,某一政策工具一般存在固定对应的一个或多个施策主体,本小节关于住房租赁政策施策主体需求节点的识别和分析是基于前文政策目标需求节点和政策工具需求节点开展的。

1) 住房和城乡建设部门节点。此处所识别出的住房和城乡建设部门与后文中的住房租赁单设部门虽有联系但也存在区别,驱动城市青年群体的住房租赁行为在政策作用层面是个系统性问题,单设租赁部门是为了更好地统筹和推进政策目标的设置、政策工具的使用。然而在具体政策执行和政策措施协同的过程中,住房和城乡建设部门中的其他相关主体,例如质量监管、城市建设、建筑消防等细分主体需要与单设租赁部门协同推进。

2) 财政部门节点。该主体的主要施策点在于基于财政支出的补助补贴,在住房租赁市场的发展初期,不仅需要利用财政补贴奖励和扶持具有发展潜力的住房租赁专营企业,以提供更为优质的租赁住房和居住服务;也需要给予青年群体扶持性的租房补贴,尤其是大城市中的初到达、初就业青年群体,可通过直接现金补助和租金减免等形式开展。

3) 宣传部门节点。该类主体主要是指地方党委中的宣传部门,通过高级别部门的宣传作用，可更有效地从价值引导、消费观念塑造等方面驱动青年群体，尤其是应租未租青年群体释放租赁需求，合理安排自身住房租赁消费和购买消费的时序，构建理性且可持续的住房消费观和个体发展观。

4）住房租赁单设部门节点。该主体也隶属于住房和城乡建设部门，是在住房和城乡建设系统中单设的专门负责住房租赁的主体，正如前文分析，与房地产管理部门相异。单设管理部门有助于住房租赁相关政策发布、政府执法等行为的有效开展，可有利推动住房租赁市场建设，从供给端和外部环境满足青年群体租赁需求，从而有效驱动租赁行为。

5）大数据部门节点。该主体是信息平台工具的施策主体，负责城市管理各个方面的政务数据化、平台化，在政府背书建立的住房租赁交易服务平台中，与住房和城乡建设部门、住房租赁单设部门、公安部门、财税部门等主体协同施策。

6）法律部门节点。作为起草和执行住房租赁相关法律细则的施策主体，包括承租人保护、出租人约束、住房租赁专营企业经营行为管制等内容，都是当前法律法规尚薄弱的环节。

（5）关键利益相关主体需求节点的识别与分析

利益相关者是指在住房租赁行为驱动政策实施过程中，所设计到的多类别、多群体参与者，根据政策利益相关者研究的分类，一般可划分为政府主体、市场主体、公民社会、公众，其中政府主体又根据行动者偏好差异细分为中央政府和地方政府。由于住房租赁政策中利益相关主体较多，因而在本小节识别分析中按照基本分类开展。

1）中央政府类节点：根据前文中政策工具和施策主体分析，中央政府类节点具体包括中央住房和城乡建设部门节点、中央财政部门节点、中央宣传部门节点、中央住房租赁单设部门或工作组节点、中央大数据部门节点、中央法律部门节点。

2）地方政府类节点：考虑到政策发布和执行从中央到地方的一致性、连贯性，因而地方节点要与中央节点存在对应关系，地方政府类节点具体包括地方住房和城乡建设部门节点、地方财政部门节点、地方宣传部门节点、地方住房租赁单设部门节点、地方大数据部门节点、地方法律部门节点。

3）市场主体类节点：是指从供给端来讲，在住房租赁市场培育过程中引导参与高质量、高水平租赁住房供给的市场主体。根据扎根资料和前文关于政策目标、政策工具的需求识别，关于市场主体的政策需求主要为住房租赁专营企业、房地产开发企业，其中前者以住房租赁为主营业务，可为青年群体供给符合需求且高质量的租赁住房，填补当前市场上的供给缺口；后者要将住房租赁纳入主营业务中，并从以住房增量为主转变为增量存量并存，从供给端直接修正城镇住房新增供给的单一问题，实现需求牵引供给、供给引导需求的互动关系。

4）公民社会类节点：公民社会是指由公民自发组成的非政府组织，通过自律、约束的方式实现特定群体的行为规范，在本书政策需求中所识别出的主要公民社会类主体为住房租赁行业协会和人民调解委员会。前者由租赁住房供给主体构成，包括住房租赁专营机构、房地产企业、中介企业等市场主体，个人房东一般不在范围内，通过行业协会自发规范、约束市场经营行为，同时行业协会也可制定行业标准和准则，帮助整个住房租赁行业提高经营标准和经营能力，进而提升租赁市场交易效率和秩序。后者是指在居民委员会指导下设立，用以调节民间纠纷的群众组织，具体到住房租赁领域，与发达国家的出租人协会、承租人保护协会具有一致性，在相关法律法规和政府管理制度尚未完善之前，有助于规范租赁住房的民间交易和存续服务，保护承租人弱势地位，从感知有用性的角度驱动青年群体选择住房租赁消费。

5）公众类节点：住房租赁的公众参与主要是个人出租人和承租人两大类，个人出租人为供给方，承租人为需求方，除了正在租赁住房的承租群体，还有潜在的青年消费群体，又可细分为新就业大学生、进城务工人员等。每一类群体在收入、职业等方面的个体特征不同，政策供给是否能满足这些细分群体的需求，是住房租赁行为能否有效驱动的关键。

（二）住房租赁政策目标供需匹配分析

1. 政策目标网络搭建

政策目标是政策制定者意愿的文字表示，而政策工具是政策制定者为实现某个政策目标而采取的一系列政治行动和行为方式。"施策主体—政策目标—政策工具—利益相关者"模式是从政策文件文本中提取的四重元素结构。以"《住房城乡建设部关于加快培育和发展住房租赁市场的指导意见》（建房〔2015〕4号）为加快培育和发展住房租赁市场，现提出以下意见……"文件节选为例。住房城乡建设部为施策主体，是政策的制定者；加快培育和发展住房租赁市场为政策目标，是政策制定的目的和意义，即政策要解决的问题。政策目标可分为总体目标和细分目标两种，总体目标的表述一般出现在正文部分第一段，大多以"为了……"开头；细分目标是总体目标的分部或实现总体目标的阶段性任务，一般出现在其他段落首句或标题部分。一个政策文件中所有政策目标都是施策主体计划实现的，存在多个施策主体—政策目标连边。同样，也存在多个政策目标—政策工具连边，可分为两个大类：①总体宏观目标与全文所有政策工具相依存；②细分目标与所在本段落设置的特殊政策工具相依存。

根据前文数据采集与清洗，在近400份与住房租赁市场相关的文件中的总目标和细分目标中挖掘、筛选出36项独立政策目标，为了进一步理清此36项政策目标差异化和共性。并有助于后文挖掘四维网络间对应关系，本小节对政策目标进行降维处理。降维或聚类的依据如下：一是2035年远景目标、中央经济国内工作会议中住房领域国家最新政策精神和顶层设计，例如"规范发展长租房市场，土地供应要向租赁住房建设倾斜"等；二是刘洪玉、倪鹏飞等专家学者在住房制度和住房租赁市场发展路径方面的观点，例如，刘洪玉（2017）从住房金融属性过甚、租赁行为不规范、市场化机构出租缺位等角度提出了制约我国住房租赁市场、产业发展的关键阻碍[181]；三是市场要素理论提出，市场是由可供交换的商品、提供商品的卖方、有货币支付能力的买方构成。

因此，将36项政策目标降维为：①制度长效，是指建立具有连续性、预期性、计划性的城镇住房制度、房地产市场制度、住房租赁制度等，摒弃短期补救性临时政策对住房供给体系的重大干扰。②消费满足，从需求端出发，一是补足租赁住房在我国各级城市供给体系中的普遍缺乏，二是要对租赁群体和具有潜在租赁需求的群体进行细分，以满足异质化租赁需求。③市场平稳，是指保持住房租赁市场、房地产市场等租赁相关上下游交易市场主体行为规范，供需总量和结构基本平衡，价格在合理区间内浮动。④供给高效，从供给端出发，提供精准、高品质、快速有效的租赁住房是"需求牵引供给、供给创造需求，实现更高水平动态平衡"的关键环节（表4-4、图4-5）。

按不同政策级别的政策目标降维结构统计　　　　　　　　　　　表4-4

类别一：制度长效				
具体目标	中央政府	一级地方政府	二级地方政府	总体
完善住房租赁管理体制	6(20.00)	28(16.47)	42(28.97)	76(22.03)
完善房地产市场体系	1(3.33)	3(1.76)	1(0.69)	5(1.45)
推进住房制度改革	2(6.67)	24(14.12)	8(5.52)	34(9.86)
提高住房公积金制度有效性和公平性	1(3.33)	7(4.12)	3(2.07)	11(3.19)
健全住房租赁市场体系	1(3.33)	5(2.94)	7(4.83)	13(3.77)
健全住房租赁法规制度	2(6.67)	1(0.59)	3(2.07)	6(1.74)
健全住房供应体系	2(6.67)	2(1.18)	3(2.07)	7(2.03)
健全住房保障制度	2(6.67)	5(2.94)	5(3.45)	12(3.48)
建立房地产市场发展长效机制	1(3.33)	0	3(2.07)	4(1.16)
加快培育和发展住房租赁市场	10(33.33)	72(42.35)	44(30.34)	126(36.52)
加快建立多主体供给、多渠道保障、租购并举的住房制度	2(6.67)	23(13.53)	26(17.93)	51(14.78)
总计	30	170	145	345
类别二：消费满足				
具体目标	中央政府	一级地方政府	二级地方政府	总体
维护租赁关系稳定	1(5.88)	1(0.85)	3(3.66)	5(2.31)
提高租赁住房居住满意度	0	9(7.69)	9(10.98)	18(8.33)
实现租购同权	0	5(4.27)	6(7.32)	11(5.09)
提升租赁住房品质	7(41.18)	41(35.04)	25(30.49)	73(33.80)
加快农业转移人口市民化	0	4(3.42)	1(1.22)	5(2.31)
鼓励住房租赁消费	3(17.65)	36(30.77)	19(23.17)	58(26.85)
促进住房梯度消费	0	3(2.56)	0	3(1.39)
保障住房租赁当事人合法权益	4(23.53)	14(11.97)	18(21.95)	36(16.67)
支持合理住房消费	2(11.76)	4(3.42)	1(1.22)	7(3.24)
总计	17	117	82	216

续表

类别三：市场平稳				
具体目标	中央政府	一级地方政府	二级地方政府	总体
住房租赁市场平稳健康发展	3(9.38)	8(6.20)	9(7.89)	20(7.27)
稳定住房租金	0	2(1.55)	2(1.75)	4(1.45)
稳定住房市场预期	2(6.25)	3(2.33)	2(1.75)	7(2.55)
维护房地产市场秩序	2(6.25)	4(3.10)	2(1.75)	8(2.91)
推进住房租赁市场试点	1(3.13)	2(1.55)	30(26.32)	33(12.00)
化解房地产待售	3(9.38)	22(17.05)	3(2.63)	28(10.18)
规范住房租赁市场秩序	10(31.25)	41(31.78)	45(39.47)	96(34.91)
搞好房地产市场调控	3(9.38)	9(6.98)	1(0.88)	13(4.73)
房地产市场平稳健康发展	7(21.88)	36(27.91)	18(15.79)	61(22.18)
总计	32	129	114	275

类别四：供给高效				
具体目标	中央政府	一级地方政府	二级地方政府	总体
租赁住房供应主体多元	2(20.00)	10(19.23)	12(16.22)	24(17.65)
增加租赁住房有效供应	5(50.00)	26(50.00)	38(51.35)	69(50.74)
优化农村土地开发利用	0	0	2(2.70)	2(1.47)
培育机构化、规模化住房租赁企业	2(20.00)	8(15.38)	18(24.32)	28(20.59)
加快保障性安居工程建设	0	3(5.77)	4(5.41)	7(5.15)
发展专业化住房租赁市场	1(10.00)	5(9.62)	0	6(4.41)
总计	10	52	74	136

注：表格中的数值为目标个数，括号内为子目标在不同级别政府同类别目标中的占比，单位为％。

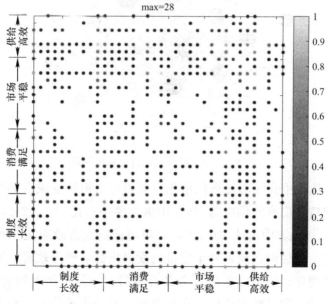

图 4-5　四分类政策目标邻接矩阵图

2. 政策目标网络匹配分析

住房租赁政策目标网络被划分为四个主要社团，黑色节点代表聚类1、深灰色节点代表聚类2、浅灰色节点代表聚类3、白色节点代表聚类4，模块度为0.128。如图4-6所示，聚类1包含11个节点、4种目标类型，其中制度长效类政策目标和供给高效类政策目标占比最高，分别为45.45%和27.27%；聚类2包含9个节点、3种目标类型，其中市场平稳类政策目标占比最高，为44.44%；聚类3包含9个节点、4种目标类型，其中市场平稳类政策目标占比最高，为55.56%；聚类4包含6个节点、2种目标类型，其中消费满足类政策目标占比最高，为66.67%（表4-5）。

住房租赁政策目标网络测度　　　　　　　　　　　　　表4-5

测度指标	指标结果	测度指标	指标结果
节点数	35	网络直径	3
连边数量	270	平均度	15.429
网络密度	0.454	平均路径长度	1.583

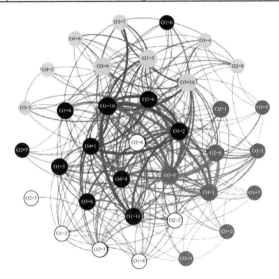

图4-6　住房租赁政策目标总体网络

通过接近中心性和中介中心性指标量化，可得住房租赁领域占据绝对中心地位的政策目标是"增加租赁住房有效供应"，其在中央文件中占比为12.2%，一级地方文件中占比为10.2%，二级地方中占比19.1%，层级越低的地方政府关于有效供应的目标诉求越强烈，可能是由于住房供应是易于定量的发展指标，地方政府可通过专项规划文件等对建设任务作出规定。该节点所表达含义有两层：一是指加大租赁住房的总量供给；二是指供给的有效性，即是要在区位、产品类型、租金水平等方面精准满足实际租赁需求。第二梯队重要目标包含"规范租赁市场秩序""加快培育和发展租赁市场""完善住

四、住房租赁政策评价及匹配分析

房租赁管理体制""健全住房保障制度",关于住房保障制度的目标是由于市场化租赁和公租房是当前我国住房供应体系中租赁部分的两个主要组成,但其在需求对象分割上存在区别,市场化租赁群体支付能力普遍高于公租房,同时公租房货币补贴人群也需在租赁市场中获取住房。

根据政策匹配网络模型构建的内容,将识别出的政策目标需求节点对应至住房租赁政策供给网络中,通过网络节点指标的计算以及供给网络特征分析,对每一需求节点与供给间的匹配情况进行评价,并按照前文设置的重要度标准将需求节点确定为完全匹配、部分匹配和完全不匹配。"营造全社会关于住房租赁消费的理性氛围"节点未在政策供给网络中直接出现,则该政策目标为完全不匹配。"住房租赁市场交易效率提升"与制度长效维度中的"规范住房租赁市场秩序"存在部分重合,但供给网络中节点仅关注了市场秩序目标,而未明确设置市场效率目标。"规范租赁市场秩序(O3-8)"节点属于 TOP 10,接近中心性为 0.872,中介中心性为 37.505,因而该节点为部分匹配。"提升青年群体租赁住房的生活质量"与供给网络中的"提升租赁住房品质"内涵一致,都是增强青年群体在租赁住房生活过程中的感知有用性,包括生活便利和经济性等。"提升租赁住房品质"节点属于 TOP 10,接近中心性为 0.756,中介中心性为 14.626,因而该节点为完全匹配。"市场租赁住房的租金价格稳定"与供给网络中的"稳定住房租金"相一致,但"稳定住房租金"不仅不属于 TOP 10,且重要度在全部目标节点中处于末位,接近中心性为 0.137,中介中心性为 3.251,因而将该节点视为完全不匹配。"提升居民租赁住房的安全稳定性"与消费满足维度中的"维护租赁关系稳定"节点内涵一致,"维护租赁关系稳定"位列供给网络中重要节点第五位,接近中心性为 0.773,中介中心性为 19.837,因而该节点为完全匹配。"确保引导租赁消费及加强租赁市场建设相关政策的长效性"与"建立房地产市场发展长效机制"内涵一致,"建立房地产市场发展长效机制"不属于 TOP 10,接近中心性为 0.517,中介中心性为 8.361,该节点为强部分匹配(表 4-6)。

住房租赁领域政策目标网络中重要节点排序　　　　　　表 4-6

节点名称	接近中心性	节点名称	中介中心性
增加租赁住房有效供应(O4-2)	0.895	增加租赁住房有效供应(O4-2)	52.825
规范租赁市场秩序(O3-8)	0.872	加快培育租赁市场(O1-10)	38.858
加快培育租赁市场(O1-10)	0.872	规范租赁市场秩序(O3-8)	37.505
完善住房租赁管理体制(O1-1)	0.773	健全住房保障制度(O1-8)	36.453
维护租赁关系稳定(O2-6)	0.773	房地产市场平稳健康发展(O3-10)	26.347
提升租赁住房品质(O2-4)	0.756	完善住房租赁管理体制(O1-1)	20.776
房地产市场平稳健康发展(O3-10)	0.756	维护租赁关系稳定(O2-6)	19.837
租赁住房供应主体多元(O4-1)	0.756	建立租购并举制度(O1-11)	16.793
建立租购并举制度(O1-11)	0.723	提升租赁住房品质(O2-4)	14.626

续表

节点名称	接近中心性	节点名称	中介中心性
培育机构化规模化租赁企业（O4-4）	0.723	租赁住房供应主体多元（O4-1）	13.007
保障租赁当事人合法权益（O2-8）	0.708	培育机构化规模化租赁企业（O4-4）	11.178

3. 政策目标网络演化分析

从网络整体紧密程度来看，五个阶段的节点和连边复杂度均经历了"倒U"形变迁，2015年以前政府对住房租赁市场和产业关注度较低、管理文件较少，因而制定的相应政策目标也较少。随着租赁市场和产业的不断发展，其中涌现出许多矛盾和管理盲区，因此政府也加快补齐政策体系短板，密集出台相关文件、制定发展目标。公共政策执行时间成本和作用效果具有跨期性，市场的阶段性问题需要一个或多个平衡区间，且部分问题也得到破解，因而政策目标总量下降。

然而，不同阶段的节点结构和目标协同分布也需详细探究，具体如下：第一阶段的主要目标协同出现在"Cluster Ⅰ：提高公积金制度有效性、加快培育租赁市场、增加租赁住房有效供应、鼓励租赁消费""Cluster Ⅱ：保障租赁当事人权益、规范租赁市场秩序、完善租赁管理体制""Cluster Ⅲ：房地产市场平稳健康、房地产市场高效调控、稳定房价"三个组集中，分别以加快培育租赁市场、保障租赁当事人权益、房地产市场平稳健康为中心节点。第二阶段的主要目标协同出现在"Cluster Ⅰ：发展专业化租赁市场、建立租购并举制度、推进住房制度改革""Cluster Ⅱ：房地产市场平稳健康、化解房地产待售、加快培育租赁市场""Cluster Ⅲ：租赁住房供应主体多元、增加租赁住房有效供应"三个组集中，分别以推进住房制度改革、加快培育租赁市场、租赁住房供应主体多元为中心节点。第三阶段的主要目标协同出现在"Cluster Ⅰ：保障租赁当事人权益、完善租赁管理体制、规范租赁市场秩序""Cluster Ⅱ：加快培育租赁市场、建立租购并举制度、增加租赁住房有效供应、租赁住房供应主体多元"两个组集中，分别以规范租赁市场秩序、加快培育租赁市场为中心节点。第四阶段的主要目标协同出现在"Cluster Ⅲ：加快培育租赁市场、建立租购并举制度、增加租赁住房有效供应"组集中，以加快培育租赁市场为中心节点。第五阶段的主要目标协同出现在"Cluster Ⅰ：保障租赁当事人权益、完善租赁管理体制、规范租赁市场秩序""Cluster Ⅳ：租赁市场平稳健康、推进租赁试点、培育机构化规模化租赁企业"两个组集中，分别以规范租赁市场秩序、培育机构化规模化租赁企业为中心节点。具体见表4-7、图4-7。

不同阶段的演化差异性如下：1）第二阶段相较于第一阶段，增加了建立租购并举制度、发展专业化租赁市场、健全租赁法规、建立房地产市场长效机制、健全住房供应体系、加快农业转移人口市民化6个节点，减少了保障租赁当事人权益、稳定租赁关系、维护房地产市场秩序、稳定租金、促进住房梯度消费、提高租赁居住满意度、稳定房价、完善房地产市场体系、健全租赁市场体系、租购同权 10 个节点，中心节点由增加租赁住房有效供应（15→10）转移至加快培育租赁市场（15→17）。

五阶段住房租赁政策目标网络测度　　　　　　　　表 4-7

测度指标	2015 年以前	2016 年	2017 年	2018 年	2019—2020 年
节点数	28	24	35	22	21
连边数量	99	87	270	75	70
网络密度	0.262	0.315	0.454	0.325	0.333
网络直径	4	3	3	4	4
平均度	7.071	7.25	15.429	6.818	6.667
平均路径长度	2.019	1.746	1.583	1.879	1.814

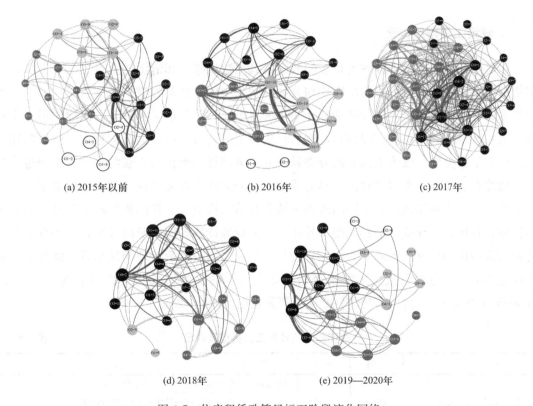

图 4-7　住房租赁政策目标五阶段演化网络

2) 第三阶段相较于第二阶段，增加了保障租赁当事人权益、租购同权、推进租赁试点、健全租赁市场体系、提高租赁居住满意度、稳定租赁关系、完善房地产市场体系、稳定房价、稳定租金、维护房地产市场秩序、促进住房梯度消费 11 个节点，无节点消退，中心节点由加快培育租赁市场（17→29）转移至增加租赁住房有效供应（10→30）。

3) 第四阶段相较于第三阶段，无节点新增，减少了提高公积金制度有效性、稳定租赁关系、完善房地产市场体系、稳定房价、支持合理住房消费、发展专业化租赁市场、维护房地产市场秩序、健全租赁法规、建立房地产市场长效机制、稳定住房市场预期、促进住房梯度消费、加快保障房建设、加快农业转移人口市民化13个节点，中心节点稳定为增加租赁住房有效供应，不存在迁移变化。

4) 第五阶段相较于第四阶段，增加了稳定租赁关系、建立房地产市场长效机制、稳定住房市场预期、加快保障房建设4个节点，减少了健全住房保障制度、推进住房制度改革、健全住房供应体系、房地产市场高效调控、化解房地产待售5个节点，中心节点由增加租赁住房有效供应（16→9）转移至规范租赁市场秩序（10→14）。

（三）住房租赁政策工具供需匹配分析

1. 政策工具网络搭建

在复杂的政策文本中拆解出相应的政策工具是数据收集和清洗的重点。本章节从住房租赁市场不同市场参与主体的角度来划分利益相关主体，抽象为供给方（直接提供市场租赁住房的各类企业或个人以及产业链上的其他主体）、需求方（承租市场租赁住房的企业或个人）、市场监管方（地方政府），然后再用特定的政策工具分类拆解每类主体被施用的具体政策工具类型。政策工具如何分类是公共政策领域一个长盛不衰的话题，至今也未达成一致性看法。基于类型学政策工具的政策工具分类理论发展迅速，目前已形成了大量的竞争性分类方法和体系，在不同的政策领域和政治结构下，学者们依据政策工具的政府干预程度、政策实施环境、工具功能差异性、投入资源特征等因子予以分类，有的分类是对特定政策治理领域有较强的针对性，有的是从某一实际的政策治理领域出发，演绎成为适应性较强的通用分类方式。本书选择引用频次较高的文献形成公共政策工具经典分类，Schneider被引871次、王辉被引62次、严强被引46次，如表4-8所示。

典型的公共政策工具类型及内涵　　　　　　　表4-8

作者	时间	领域	类型	分类内涵
Rothwell，Zecveld[182]	1984	创新	供给型	改善技术创新相关要素供给的政策
			需求型	开拓并稳定新技术应用市场的政策
			环境型	为创新提供有利环境的间接政策
Schneider，Ingram[183]	1990	普遍领域	权威型	以正当性权威为基础，在限定的情况下允许、禁止或要求某些行为
			诱因型	以实质的报酬诱导执行或鼓励某些行为
			能力型	提供信息、教育和资源，使个人、团体或机关有能力做决定或完成某些行为

续表

作者	时间	领域	类型	分类内涵
Schneider，Ingram[183]	1990	普遍领域	象征及劝说型	价值和信仰体系决定人类行为,此工具力图使政策目标群体的价值与政策目标趋向一致
			学习型	通过学习获取经验可增进政策目标群体对问题及解决方案的理解
王辉[184]	2014	农村公共产品	强制型	以政府权威为资源,具有规范和保障的功能
			市场型	以企业提供为主,具有灵活的激励作用
			引导型	帮助目标群体理解政策意愿
			自愿型	以社会自愿为主,弥补政府和市场资源不足
严强[185]	2011	城市拆迁	市场型	以投入权威资源为主
			动员型	以投入各类型组织机构为主
			信息型	以信息沟通为主
			经济型	以金钱诱因为主
			管制型	以制度化资源为主

由表 4-8 可看出,政策工具的分类是从粗略到细致,学者们不断对粗糙的、非完全独立的、存在交叉影响的类型进行细分,但需要注意的是,无限细分会使得相邻分类内涵过于相近、差异性不显著,为实际应用过程中具体政策工具类型归属判断造成一定难度。住房租赁市场政策涵盖规划、建设、运营、消费等项目全寿命周期,且住房产业固有属性为涉及产业较多、产业链上主体类型丰富、主体间交互关系复杂等,影响住房租赁市场良好发展等政策目标实现的因素间因果关系繁复,故对政策工具精细化和最优化组合的要求更高。

因而,以政策工具分类尽量细致、全面为原则,结合各种经典分类方法,确定六大类住房租赁市场政策工具:命令型政策工具、经济激励型政策工具、能力建设型政策工具、引导型政策工具、自愿型政策工具、系统变化型政策工具。①命令型工具具有强制性、及时性和低成本的优势,但相对于其他政策工具而言缺乏变通性,可能会降低政策作用对象的积极性和创造性。假定为目标群体无条件地执行命令且不追求回报。②经济激励型工具将提供资金支持作为诱发行为的条件而非权威强制,假定为个体追求效用最大化。③能力建设型工具期望使个体或机构实现基本功能的永久性变化或提升,进入可持续发展状态。假定目标群体是由于缺乏信息、技术、经验等资源导致难以做出政策制定者期望的反应和行为。④引导型工具假定政策作用对象决策行为的动机是源于自身固守信念、价值判断。⑤自愿型工具的特点是政府不参与或较少干预,在自愿的基础上主要依靠其他非政府组织来完成期望中的任务[186]。⑥系统变化型工具主要是消除政策目标实现过程中的现存固有体制机制障碍,假定现存的政府组织结构、工作机制、政府—市场关系等不能实现期望的政策目标和效果。

为了更准确、全面地建立上述各类政策工具在公共政策广泛领域中的典型子类/语义触发词列表，为后文住房租赁市场政策工具语料库构建打下坚实基础。本小节采用文献内容分析方法，收集权威文献中6种政策工具分类次级的专家观点，形成公共政策工具子类专家意见库，通过一致性检查、无效值和缺失值处理等步骤，得出住房租赁市场治理中的六大类政策工具典型子类/语义触发词清单。依照清单构建过程设计，以"title＝政策工具"为检索式在中国社会科学引文索引（Chinese Social Sciences Citation Index）中的SCI来源期刊、EI来源期刊、CSSCI、CSCD共4个子库中检索得661篇文献，经筛选得到193篇高度相关文献，并以title＝"policy instrument" OR "policy tool" OR "policy instrumentation"在Web of Science Core Collection中的Science Citation Index Expanded（SCI-EXPANDED）、Social Sciences Citation Index（SSCI）、Arts & Humanities Citation Index（A&HCI）3个子库中检索得359篇文献，经筛选得到30篇高度相关文献。将上述总计389篇文献中的专家观点收集进入公共政策工具分类次级数据仓库，事实上也相当于一个全样本集，如表4-9、图4-8、表4-10所示。

住房租赁引导政策中的六大类政策工具典型子类/语义触发词列表　　　　表4-9

制度要素类型一：规制要素	
分类	典型子类/语义触发词
命令型政策工具	法律、法规、监督、制裁、直接提供、财政拨款、特许、处罚、规定、威胁、强制性标准、考核、禁止、要求、计划、管制、指示指导、指标控制、任务、规章制度、管理制度、准入机制、备案、整改、落实、必须、评估、工作制度、试点、价格规制、建立行为档案
经济激励型政策工具	专项经费、奖励、贷款担保、政府补贴、利率优惠、生产补贴、税收优惠、工资、价格机制、金融手段、融资支持、市场份额、投入、经费、票券、征收罚金、投资、保险
政府系统变化型政策工具	简政放权、机构改革、权力重组、体制改革、组织完善、国有企业、职能重新界定、新组织建立、权力下放、程序简化、现有机构中重新分配权威
制度要素类型二：规范要素	
分类	典型子类/语义触发词
能力建设型政策工具	人才培养、培训、基础研究、提供经验、教育、咨询服务、学历提升、硬件与软件、学习活动、资讯、研讨会、培养模式
自愿型政策工具	志愿组织、社会力量、联防共治、参与渠道、信息平台、社会组织、社会监督、互助合作、行业自律、家庭、社区服务
制度要素类型三：认知要素	
分类	典型子类/语义触发词
引导型政策工具	信息发布、动员、广告、宣传、教育、劝诫、谈判、说服、拉拢、示范、呼吁、领跑者制度、标识制度、精神理念、鼓励、支持、营造氛围、舆论声势、号召、推广活动、劝说、公众论坛、行业协会

四、住房租赁政策评价及匹配分析

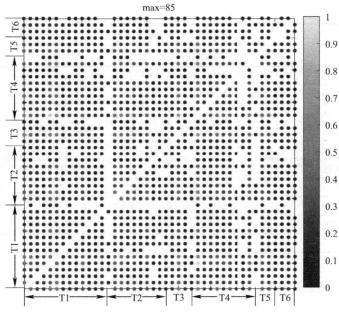

T1：命令型 T2：经济激励型 T3：能力建设型 T4：引导型
T5：政府系统变化型 T6：自愿型

图 4-8 六分类政策工具邻接矩阵图

不同政策级别下的政策工具使用结构统计　　表 4-10

类别一：命令型政策工具							
子工具	中央	一级地方	二级地方	子工具	中央	一级地方	二级地方
法律法规	10(14.29)	32(9.33)	29(9.86)	价格管制	2(2.86)	14(4.08)	6(2.04)
备案	8(11.43)	26(7.58)	21(7.14)	行为档案	2(2.86)	4(1.17)	5(1.70)
处罚	3(4.29)	9(2.62)	6(2.04)	计划规划	3(4.29)	21(6.12)	33(11.22)
管制	5(7.14)	17(4.96)	21(7.14)	强制性标准	3(4.29)	2(0.58)	10(3.40)
指示指导	17(24.29)	162(47.23)	87(29.59)	考核评价	2(2.86)	3(0.87)	8(2.72)
管理制度	11(15.71)	36(10.50)	40(13.61)	监管	2(2.86)	14(4.08)	24(8.16)
规制	2(2.86)	2(0.58)	3(1.02)	落实	0	1(0.29)	1(0.34)
类别二：经济激励型政策工具							
子工具	中央	一级地方	二级地方	子工具	中央	一级地方	二级地方
税收优惠	5(25.00)	26(21.14)	26(20.63)	土地支持	4(20.00)	16(13.01)	19(15.08)
金融手段	7(35.00)	24(19.51)	23(18.25)	信托基金	0	6(4.88)	3(2.38)
公积金	1(5.00)	19(15.45)	18(14.29)	工商支持	1(5.00)	4(3.25)	4(3.17)
公共权益	2(10.00)	20(16.26)	19(15.08)	行政费	0	3(2.44)	2(1.59)
财政支持	0	5(4.07)	12(9.52)	优惠			
类别三：能力建设型政策工具							
子工具	中央	一级地方	二级地方	子工具	中央	一级地方	二级地方
市场监测	2(18.18)	7(12.73)	8(16.33)	专业培训	2(18.18)	5(9.09)	6(12.24)
信息平台	7(63.64)	42(76.36)	34(69.39)	职业资格	0	1(1.82)	1(2.04)

续表

类别四：引导型政策工具							
子工具	中央	一级地方	二级地方	子工具	中央	一级地方	二级地方
引导供给	11(33.33)	80(36.87)	63(35.00)	推广引导	1(3.03)	19(8.76)	14(7.78)
宣传引导	6(18.18)	10(4.61)	13(7.22)	经验推广	3(9.09)	3(1.38)	1(0.56)
信息发布	2(6.06)	18(8.29)	14(7.78)	宣传教育	0()	3(1.38)	1(0.56)
示范	4(12.12)	25(11.52)	18(10.00)	试点	4(12.12)	28(12.90)	38(21.11)
引导消费	2(6.06)	30(13.82)	16(8.89)	舆论引导	0()	1(0.46)	2(1.11)
类别五：政府系统变化型政策工具				类别六：自愿型政策工具			
子工具	中央	一级地方	二级地方	子工具	中央	一级地方	二级地方
体制改革	7(77.78)	20(54.05)	27(52.94)	行业自律	2(50.00)	5(41.67)	4(26.67)
国有企业	2(22.22)	16(43.24)	18(35.29)	社会组织	2(50.00)	4(33.33)	9(60.00)
领导小组	0	1(2.70)	6(11.76)	行业协会	0	3(25.00)	2(13.33)

2. 政策工具网络匹配分析

英国政治学家 Peter Hall[187]基于科学哲学领域的范式理论，提出了政策研究范式变迁学说，Hall 将政策制定分解为政策的整体目标、政策工具及政策工具的精细化设置 3 个基本变量。值得注意的是，这 3 个变量在逻辑上存在递进关系，在政策设计过程中，天然的逻辑顺序即为确定该项政策的综合目标，基于目标选择基本的政策工具方向，在政策工具大类中选择细分的工具，例如激励型政策工具（大类）和财政补贴（细分项）之间的关系。政策范式迁移的逻辑递进或是深刻程度正好与政策变量相反：一阶变化：政策工具的精细化设置发生改变但整体目标和大类政策工具不变。二阶变化：在一阶变化的基础上，大类政策工具发生改变但政策目标未做修改。三阶变化：全部政策变量都发生转变，此为深刻的政策范式变迁。一阶和二阶变化被认为是正常的政策优化，而三阶变化则代表了根本的、激进的变化。本小节的供给演化分析也从四维网络分别展开。

从整体上看，本书利用 Vincent 等人提出的两阶段 Fast Unfolding 算法对整体网络进行社团划分，第一阶段为 Modularity Optimization，第二阶段为 Community Aggregation，划分后的社区内部的连接较为紧密，而在社区之间的连接较为稀疏。住房租赁政策工具网络被划分为两个主要社团，黑色节点代表聚类 1、灰色节点代表聚类 2，模块度为 0.042，模块度越大则社区划分效果越好，此外，为了凸显关键节点和关键连边，本章节还对网络进行剪枝处理。如图 4-10 所示，聚类 1 包含 17 个节点、5 种工具类型，其中经济激励型政策工具和引导型政策工具占比最高，分别为 41.18% 和 29.41%；聚类 2 包含 26 个节点、6 种工具类型，其中命令型政策工具和引导型政策工具占比最高，分别为 42.31% 和 19.23%。不同聚类中的政策工具结构表明引导型工具整个大类在住房租赁市场政策协同中处于中心地位，是政策工具组合中经常出现的常规性工具（表 4-11、图 4-9）。

住房租赁政策工具网络测度 表 4-11

测度指标	指标结果	测度指标	指标结果
节点数	43	网络直径	2
连边数量	778	平均度	36.186
网络密度	0.862	平均路径长度	1.138

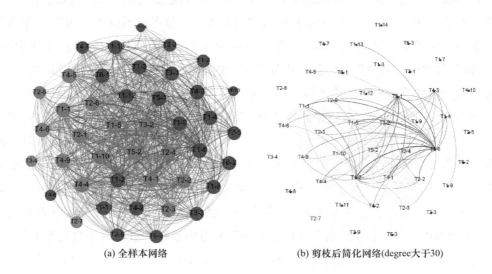

(a) 全样本网络　　　　　　(b) 剪枝后简化网络(degree大于30)

图 4-9　住房租赁政策工具总体网络

注：网络图中的不同颜色的节点代表其属于同一聚类

接近中心性度量某个起始节点到所有其他节点的平均距离，中介中心性用来度量一个节点出现在网络中最短路径上的频率，由此可得，指示指导、引导供给、管理制度、管理体制改革 4 项政策工具在网络中处于绝对中心地位，属于网络中的主导者。具体而言，指示指导多出现于政府工作报告、国民经济规划等更广泛层面的政策文件中，而非专门性的住房租赁市场发展转向政策，其具体文本一般为"培育和规范发展住房租赁市场"或"规范发展房屋租赁市场"等。引导供给则基本用于住房和城乡建设部门直接发布的专项文件，包含实施意见、阶段性规划等，其具体文本内容更为丰富，供给主体方面有"引进和支持发展机构化、规模化住房租赁企业"等，供给渠道方面有"允许将商业用房等按规定改建为租赁住房"等。管理制度存在于各类型政策文件中，且由于住房租赁市场和产业处于发展的初级阶段，开发、交易等全环节都需建立完备的管理制度，因而其节点度也较大，具体文本例如"建立住房租赁纠纷调处机制""建立住房租赁指导价格发布制度"等。管理体制改革属于政策工具中政治强度较大的一类，涉及管理部门的成立、取消、重组等，一般而言，其施策主体为人民政府或多部门联合发布，具体文本如"逐步建立健全四级住房租赁管理体制""设立专门的住房租赁管理机构"等。

根据前文中识别出的关键政策工具需求节点，在本节中搭建的政策工具供给网络中进行匹配分析，匹配程度判断按上一节模型构建中的方法进行。"法律法规"为命令型政策工具，不属于政策工具供给网络重要节点TOP10，接近中心性为0.821，中介中心性为4.133，需求节点的匹配程度为部分匹配。"补贴补助"与"财政支持"和"税收优惠"节点均存在内涵一致性，属于经济激励型政策工具，"税收优惠"节点位列重要节点第八位，接近中心性为0.977，中介中心性为4.863，"财政支持"节点虽不属于TOP10，但重要度排名仍靠前，接近中心性为0.913，中介中心性为4.112，因而该需求节点为完全匹配。"鼓励支持"与"引导消费"和"推广引导"节点内涵相一致，属于引导型政策工具，"推广引导"节点位列节点重要度第九位，接近中心性为0.971，中介中心性为4.684，"引导消费"节点不属于TOP10，接近中心性为0.731，中介中心性为3.587，因而该需求节点为部分匹配。"体制优化"与"体制改革"相一致，属于政府系统变化型政策工具，该节点位列节点重要度第九位，接近中心性为0.977，中介中心性为6.561，因而该需求节点为完全匹配。"信息平台"属于能力建设型政策工具，该节点虽位于政策工具网络中，但重要度排名靠后，接近中心性为0.342，中介中心性为1.978，因而该需求节点为完全不匹配。"社会组织"与"行业自律""行业协会"节点内涵相一致，属于自愿型政策工具，"行业自律"属于TOP10，接近中心性为0.977，中介中心性为4.859，但行业协会排名极为靠后，接近中心性为0.269，中介中心性为1.864，因而该需求节点为部分匹配（表4-12）。

住房租赁领域政策工具网络中重要节点排序　　　　　表 4-12

节点名称	接近中心性	节点名称	中介中心性
指示指导（T1-5）	1.0	指示指导（T1-5）	7.64
引导供给（T4-1）	1.0	引导供给（T4-1）	7.64
管理制度（T1-6）	1.0	管理制度（T1-6）	7.64
体制改革（T5-1）	0.977	体制改革（T5-1）	6.561
备案（T1-2）	0.977	管制（T1-4）	5.946
金融手段（T2-2）	0.977	信息发布（T4-3）	5.668
信息发布（T4-3）	0.977	备案（T1-2）	5.652
税收优惠（T2-1）	0.977	行业自律（T6-1）	4.859
计划规划（T1-10）	0.977	推广引导（T4-6）	4.684

3. 政策工具网络演化分析

从时间序列来看，2015年以前网络节点和边的数量明显小于其他4个阶段，说明第一阶段关于住房租赁市场的政策文件较少，网络密度低于0.5意味着政策工具间协同水平较低。第一阶段的主要治理协作出现在"ClusterⅠ：备案、信息发布、法律法规、管理体制改革、管理制度、价格管制""Cluster Ⅱ：引导供给、指示指导、试点、示范、信息平台"两个组集中，前者以法律法规为中心节点，后者以引导供给为中心节点。第二阶段的主要治理协作出现在"Cluster Ⅰ：引导供给、指示指导、信息平台、金融手段、税收优惠、引导消费""Cluster Ⅱ：备案、管理制度、公积金、试点""Cluster Ⅲ：推广引导、示范、法律法规"三个组集中，分别以引导供给、备案、推广引导为中心节点。第三阶段的主要治理协作出现在"Cluster Ⅰ：法律法规、管理制度、试点、备案""Cluster Ⅱ：管理体制改革、备案、管制"两个组集中，分别以法律法规、管理体制改革为中心节点。第四阶段的主要治理协作出现在"Cluster Ⅰ：监管、管制、管理体制改革、引导消费""Cluster Ⅱ：指示指导、试点、引导供给、计划规划、法律法规""Cluster Ⅲ：金融手段、价格管制、管理制度"三个组集中，分别以监管、指示指导、管理制度为中心节点。第五阶段的主要治理协作出现在"Cluster Ⅰ：管制、管理制度、管理体制改革、宣传引导""Cluster Ⅱ：引导供给、国有企业、指示指导、信息平台"两个组集中，分别以管制、引导供给为中心节点（图4-10）。

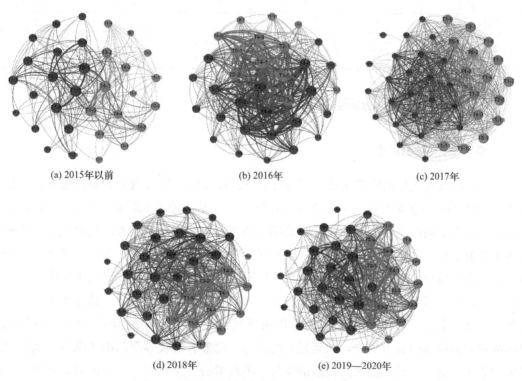

图 4-10　住房租赁领域政策工具五阶段演化网络

从不同阶段的演化差异性来看，由于政策目标、利益相关主体、施策主体随时间变化，政策工具总集和重要节点也会存在相应的变化和转移，具体如下：①第二阶段相较于第一阶段，增加了公共服务权益、专业培训、强制性标准、行业自律、宣传教育5个节点,减少了工商支持、社会组织、规制、领导小组4个节点,中心节点由法律法规(26→30)转移至信息平台(21→32)。②第三阶段相较于第二阶段,增加了考核评价、社会组织、工商支持、领导小组、行业协会、规制、职业资格、经验总结推广、舆论引导、落实10个节点,减少了行政收费优惠、宣传教育2个节点,中心节点由信息平台(32→39)转移至引导供给(32→40)。③第四阶段相较于第三阶段,增加了行政收费优惠、宣传教育2个节点,减少了处罚、工商支持、领导小组、行业协会、信托基金5个节点,中心节点由引导供给(40→31)转移至指示指导(39→34)。④第五阶段相较于第四阶段,增加了处罚、信托基金、工商支持、行业协会、领导小组5个节点,减少了行政收费优惠和落实2个节点,中心节点由指示指导(34→30)转移至信息发布(28→34)(表4-13)。

五阶段住房租赁政策工具网络测度　　　　表4-13

测度指标	2015年以前	2016年	2017年	2018年	2019—2020年
节点数	32	33	41	37	40
连边数量	219	398	690	444	468
网络密度	0.442	0.754	0.841	0.667	0.600
网络直径	3	2	2	3	3
平均度	13.688	24.121	33.659	24.000	23.400
平均路径长度	1.573	1.246	1.159	1.354	1.414

(四)住房租赁政策施策主体供需匹配分析

1. 施策主体网络搭建

在中国,政策文件的施策主体一定程度上可以体现政策执行效力和政策强度,不论在任何行政级别中,施策主体一般可分为三种情况:一是当地人民政府(一级效力),在我国人民民主集中制的整体下,意味着相关部门必须无条件接受上级人民政府领导、协同执行相关政策条目。此外,还有针对某一段时间集中出现的公共事件,为提升其问题解决效率、扩大政策执行强度,地方政府会牵头特设阶段性工作小组,一般以人民政府主管领导主要负责,相关部门为成员。二是以某一部门(部、厅、局)为主导、其他相关部门共同署名(二级效力)。不同政策目标、政策作用领域涉及不同具体部门的领导,但同时也需要同级别的其他部门通力协作,尤其是人民银行、税务、财政等部门由于掌握着调控效力极大的金融、财税工具,经常会被邀请参与一项政策的合作执行。一般而言,署名第一的部门为政策主导部门且政策执行领域为此生产生活部门,而其余参与部门作用比重与署名排位正相关。但由于主体部门和协作部门在行政级别上平等,不存在领导与命令关系,经常会存在政策实际操作过程中的博弈行为,产生机会主义、信任风险、协调风险等风险事件。三是某一部门(部、厅、局)单独发文,这种发布形式决定了政策作用对象比较局限和单一，可解决的政策目标较为微观，多是用行政强制指令来调控某一行业发展（如标准、业务规范等），一般不体现奖励或惩罚措施，或奖惩机制体现为限制行政审批等单一部门职能（图4-11、表4-14）。

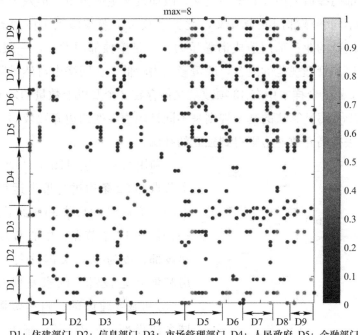

D1：住建部门 D2：信息部门 D3：市场管理部门 D4：人民政府 D5：金融部门
D6：国土部门 D7：公共服务部门 D8：发改部门 D9：财税部门

图4-11 九分类政策施策主体邻接矩阵图

不同政策级别下的政策施策主体结构统计　　　　　　　　　　　　　表4-14

	中央政府	一级地方政府	二级地方政府	总计
类别一：住房和城乡建设部门	19(24.68)	45(13.31)	46(18.78)	110(16.67)
类别二：信息部门	1(1.30)	2(0.59)	4(1.63)	7(1.06)
类别三：市场管理部门	5(6.49)	20(5.92)	11(4.49)	36(5.45)
类别四：人民政府	24(31.17)	214(63.31)	155(63.27)	393(59.55)
类别五：金融部门	7(9.09)	13(3.85)	4(1.63)	24(3.64)
类别六：自然资源部门	4(5.19)	12(3.55)	7(2.86)	23(3.48)
类别七：公共服务部门	2(2.60)	7(2.07)	4(1.63)	13(1.97)
类别八：发改部门	6(7.79)	9(2.66)	6(2.45)	21(3.18)
类别九：财税部门	9(11.69)	16(4.73)	8(3.27)	33(5.00)

2. 施策主体网络匹配分析

本小节对时间阶段不做区分，对全样本政策文本中的施策主体匹配情况进行分析，详见图 4-13。我国公共政策文本在施策主体部分可提炼出三种主要形式：一是人民政府发文，主要存在于所需配合部门较多的政策文本中，尤其是住房和城乡建设领域，住房建设、销售、管理全过程环节较多，产业关联度高，自然需要较多部门协同作业，一般是由住房和城乡建设部门提请人民政府统一发文，故而发文主体虽单一但效力较高、作用范围广。二是同级别不同领域部门联合发文，此类型政策一般在施策主体间流转，针对性较强，不会对关联度低的业务部门造成治理压力。三是单独部门发文，一般政策内容较少，多是关于行业秩序和管理规范的内容，政策影响力较低。在网络中自然排除了无共现关系的单一发文主体，493 个样本中有 43 项政策文件存在 2 个及以上数量的发文主体，联合发文比例约为 8.72%。GN 算法的基本规则是不同社团边界处的边介数较高，而社团内部的介数较低，逐个去掉高介数连边则得到独立的社团。

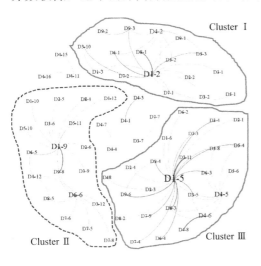

图 4-12 施策主体总体网络图

利用 GN 算法对图 4-12 政策网络中的 70 个节点和 82 条边进行聚类运算，得到 3 个独立的、成规模的聚类和 4 组次级连接。聚类一：包含 17 个节点，中心节点为住房和城乡建设部、度为 14，关键发文主体组合为"住房和城乡建设部、国家发展和改革委员会""住房和城乡建设部、自然资源部""住房和城乡建设部、公安部"。聚类二：包含 19 个节点，第一中心节点为二级地方住房和城乡建设局/委，第二中心节点为二级地方规划和自然资源局/委、度为 8，关键发文主体组合为"二级地方住房和城乡建设局/委、二级地方财政局""二级地方住房和城乡建设局/委、二级地方自然资源局"。聚类三：包含 25 个节点，规模最大且中心节点优势在 3 个聚类中最为明显，中心节点为一级地方住房和城乡建设厅/委、度为 21，关键发文主体组合为"一级地方住房和城乡建设厅/委、一级地方公安厅/局""一级地方住房和城乡建设厅/委、一级地方财政厅/局""一级地方党委、一级地方人民政府"。可得，中心部门一般为住房和城乡建设部门和自然资源部门，自然资源部门规划、审批租赁住房建设用地，住房和城乡建设部门负责租赁住房的建设计划、市场管理等。

在施策主体评价部分，政府主体可以按照级别和部门领域进行二维划分，为了更细致地评价施策主体并挖掘其分布特征，在施策主体供给网络搭建时划分为中央政府、一级地方政府和二级地方政府。由于前文中关于施策主体需求节点识别只能按照部门领域进行，因而在匹配分析时涉及级别的划分。前文中识别出的需求节点分别为住房和城乡建设部门节点、财政部门节点、宣传部门节点、住房租赁单设部门节点、大数据部门节点和法律部门节点。通过供给网络中优势聚类识别和不同聚类中中心节点寻找，可对需求节点和重要供给节点进行配对。

在3个聚类中，中心节点均为住房和城乡建设部门，只是级别不同，因而住房和城乡建设部门节点为完全匹配，虽住房租赁单设部门从大的分类角度也可归为住房和城乡建设部门，但在细分供给中发现租赁单设部门节点重要度较低，因此该节点为部分匹配。其余4个需求节点均不为聚类的中心节点，聚类一、三中公安部门与住房和城乡建设部门为关键协同施策主体，聚类三中财政部门与住房和城乡建设部门为关键协同施策主体，也可视为完全匹配节点。大数据部门与信息部门内涵一致，不为施策主体供给网络中的重要节点，节点强度仅为7，与住房和城乡建设部门节点强度110相去甚远，因而将节点归为完全不匹配。此外，宣传部门在供给网络的九类节点中未有内涵相一致主体，因而该节点为完全不匹配。

3. 施策主体网络演化分析

除第二阶段外，其他时期施策主体种类均较为丰富且住房租赁治理主体协同度极高，其中第四阶段聚类明显，模块化程度为0.583，大于0.5且显著高于其他几个阶段，说明从整体网络来看存在较为固定的治理主体组合。各阶段不同聚类中的治理组合具体如下：第一阶段的主要施策主体协同出现在"ClusterⅠ：一级住房和城乡建设厅、一级国税局、一级财政厅""ClusterⅡ：住房和城乡建设部、国家发展改革委、财政部"两个组集中，分别以一级财政厅、住房和城乡建设部为中心节点。第二阶段网络中不存在较强协作关系。第三阶段的主要施策主体协同出现在"ClusterⅢ：一级住房和城乡建设厅、一级发改委、一级公安厅、一级国税局、一级工商局、一级人行"组集中，以一级人行为中心节点。第四阶段的主要施策主体协同出现在"ClusterⅢ：二级财政局、二级住房和城乡建设局、二级人行、二级市监局、二级自然资源局""ClusterⅣ：一级公安厅、一级工商局、一级住房和城乡建设厅、一级人行""ClusterⅥ：国家发展改革委、自然资源部、住房和城乡建设部"三个组集中，分别以二级住房和城乡建设局、一级住房和城乡建设厅、住房和城乡建设部为中心节点。第五阶段的主要施策主体协同出现在"ClusterⅤ：一级公安厅、一级市监局、一级住房和城乡建设厅"组集中，以一级住房和城乡建设厅为中心节点（表4-15、图4-13）。

五阶段住房租赁政策施策主体网络测度　　　　表4-15

测度指标	2015年以前	2016年	2017年	2018年	2019—2020年
节点数	27	12	30	72	36
连边数量	102	25	97	266	62

续表

测度指标	2015年以前	2016年	2017年	2018年	2019—2020年
网络密度	0.291	0.379	0.223	0.104	0.098
网络直径	3	4	2	4	0.655
平均度	7.556	4.167	6.467	7.389	3.444
平均路径长度	1.344	1.652	1.205	1.67	1.585

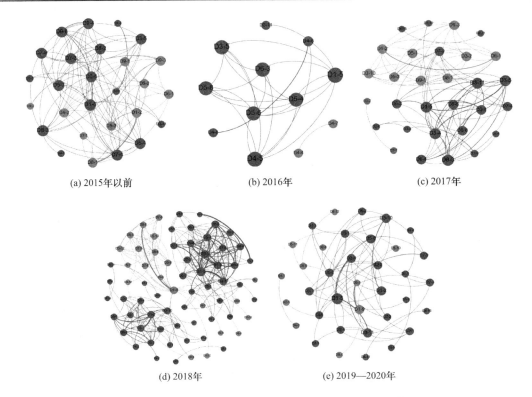

图 4-13 住房租赁领域政策施策主体五阶段演化网络

不同阶段的演化差异性如下：①第二阶段相较于第一阶段，增加了一级银监局、一级金融局、一级政府办公厅、一级党委办公厅4个节点，减少了一级发改委、一级政府金融办、一级自然资源厅、一级民政厅、一级教育厅、一级卫健委、一级经信委、一级国税局、一级财政厅/局等19个节点，中心节点稳定为一级住房和城乡建设厅（13→7）。②第三阶段相较于第二阶段，增加了一级发改委、一级住房和城乡建设厅、一级公安厅/局、一级工商局、一级人行、住房和城乡建设部、公安部、工商总局、证监局等24个节点，减少了一级政府办公厅、一级银监局、一级金融局、一级政府办公厅、一级党委办公厅、一级党委6个节点，中心节点由一级住房和城乡建设厅（7→11）转移至一级发改委（0→12）。③第四阶段相较于第三阶段，增加了一级金融局、一级民政厅、一级政府金融办、一级经信委等42个节点，无节点衰退，中心节点由一级发改委（12→16）转移至一级住房和城乡建设厅（11→24）。④第五阶段相较于第四阶段，无新增节点，减少了一级人行、一级发改委、一级自然资源厅、一级教育厅、一级国税局、一级财政厅等36个节点，中心节点稳定为一级住房和城乡建设厅，除第三阶段外，其余网络中该节点都为中心节点。

（五）住房租赁政策利益相关者供需匹配分析

1. 利益相关者网络搭建

政策利益相关者是指在实际情境下，一项政策的实施涉及多类别、多群体的参与[188]。对于本书中涉及的住房租赁市场培育政策而言，包含的利益相关者可能有各级政府部门、住房和城乡建设部门直管的国有住房企业、房地产开发企业、大型企业单位、房地产协会、中介机构、商业银行、相关学者等多个部门[189]。在政策实施的过程中，行动者将基于不同的政策偏好分别作出有利于自身的决策，总体政策目标的实现依赖于行动者之间的相互作用，包含合作和制约、信息交换等[190]。

对政策利益相关者网络进行了一系列的数据矩阵构建和转换，通过分析政策文件生成的参与者，构建了一个二元的"相关主体—政策文件"矩阵，其中文件为行，相关主体为列。在这个矩阵中，如果第 i 项政策文件涉及第 j 个主体，则 $x_{ij}=1$，否则 $x_{ij}=0$。利用 UCINET 软件中的 matrix algebra 算法，将原始矩阵（i 项政策文件×j 个主体）转换为邻接矩阵（j 个主体×j 个主体），邻接矩阵表示在全部政策文件中，每个利益相关主体在同一政策文件中出现的次数，矩阵的对角线值表明某一主体在某一政策文件中出现的次数总计。基于小型政策社区的特点和网络性质，紧凑的政策网络往往具有动态性及合理的响应性（表4-16）。

不同政策级别下的政策利益相关者结构统计　　　　表4-16

	中央政府	一级地方政府	二级地方政府	总计
中央政府	123(36.61)	1(0.07)	0	124(4.06)
地方政府	76(22.62)	904(62.39)	744(58.63)	1724(56.45)
市场主体	63(18.75)	305(21.05)	307(24.19)	675(22.10)
公民社会	9(2.68)	32(2.21)	34(2.68)	75(2.46)
公众	65(19.35)	207(14.29)	184(14.50)	456(14.93)

2. 利益相关者网络匹配分析

采用 spring—embedding 聚类算法重新定位所有网络节点以揭示网络结构的连通性。图4-14中任意两个节点之间的最短路径值（geodesic distance）表明了住房租赁文件中政策利益相关者之间的相互联系程度。整体政策利益相关者的结构可以通过考虑 5 个部门各自子网络结构和在总体网络中的交互关系来探析，不同的符号代表 5 个不同类别的相关主体，其中正方形代表市场主体（M）、圆形代表中央政府（C）、三角形代表地方政府（L）、五边形代表公民社会（CS）、六边形代表公众（P）。在图 4-14 中可直观得出，市场主体群体和公众群体为中心集群，这些主体的网络中心位置表明他们在政策网络中维系各个主体合作的重要性。虽然在整个利益相关者网络中，没有一个节点完全独立于其他剩余节点，但一些政策行为者处于网络结构的外圈层，其中以地方政府群体中的子节点为主，表明这些局外主体与其他参与主体关联性小，在住房租赁政策执行及政策作用显现过程中起到较小的影响程度。

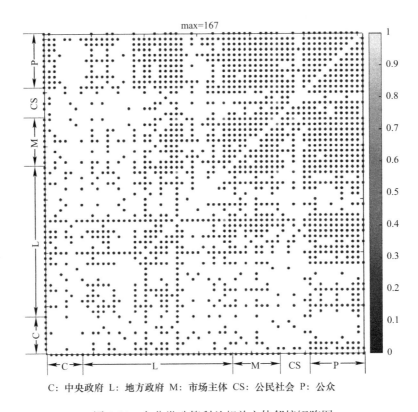

C：中央政府　L：地方政府　M：市场主体　CS：公民社会　P：公众

图 4-14　九分类政策利益相关主体邻接矩阵图

研究政策利益相关者网络的中心性密度和结构等指标，可明晰主体位置、主体间关系类型和强度等网络特征，并进一步反映不同主体的适应度、资源和权力的分布等对网络性能的影响。具体而言，网络密度越高，住房租赁政策利益相关者之间的联系越强。与网络密度密切相关的是平均度。网络度的集中度衡量了一个节点周围与之存在联系的节点的密集程度，高度集中化意味着该网络为高等级网络结构，网络中存在单个节点或部分节点群比其余政策利益相关者之间的关系更为紧密（表 4-17、图 4-15）。

住房租赁政策利益相关者网络测度 表 4-17

测度指标	指标结果	测度指标	指标结果
节点数	175	紧密中心度	58.66%
连边数量	4088	中介中心度	4.97%
密度	0.269		

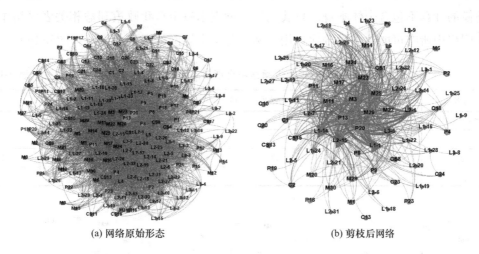

(a) 网络原始形态　　　　　　　　(b) 剪枝后网络

图 4-15　住房租赁政策利益相关者整体网络

图 4-15(a) 为依据全样本形成的网络图，其节点众多、连边关系繁杂，且位于中心的部分节点极易被隐藏在连边中，为提高网络图的可读性，按照"节点次数大于 3 次"的规则对其进行剪枝处理得到简化后的右图。节点数由 175 降低至 76，连边数由 4088 降低至 551，可明显看出，剪枝后 M 系节点得到了充分表达，而 L 系节点和 C 系节点作为弱势节点被明显去除。近年来，中央和各级试点地方政府出台的政策均是围绕住房租赁市场发展，依据市场要素理论，利益相关者主要为供给方——市场主体和需求方——公众，与中心集群几乎全部为市场主体子节点和公众群体子节点的结论相一致。以节点度值划分集群层次，度值越高网络位置越靠近中心，第一层集群 [degree∈[40，+∞)，从大到小排列，下同] 包含个人出租人、承租人、房地产经纪企业、房地产开发企业、住房租赁专营企业；第二层集群（degree∈[30，40]）包含金融机构、物业服务企业、住房租赁行业协会、机构出租人、国有住房租赁专营企业；第三层中心集群 [degree∈[20，30]] 包含民营住房租赁专营企业、二级地方人民政府、一级地方住房和城乡建设部门、三级地方人民政府、一级地方人民政府、农村集体经济组织、第三方公众。通过中心节点排列可得出，一是政府虽致力于引导规模化专业化机构参与供给，但同时也在规范个人出租人的出租行为，当前阶段为规范个体化供给和鼓励机构化并存，之后再逐步过渡至机构化供给为主。二是多数地方政府倾向于建立国有住房租赁专营企业，实现公共租赁住房资源和市场化租

赁房源协同供给。

自我中心网络（Ego Network）超越了政策利益相关者网络的结构，揭示了某一政策相关主体在与其他主体连接时的机会和限制。自我中心网络由一个中心节点—自我政策利益相关者（ego）以及该焦点主体的邻居（alter）组成，连边分为两种：中心节点和邻居之间的边和不同质邻居间的边[191]。自我中心网络度量指标见表4-18，值得注意的是，个体网规模的计算不包含个体本身。自我网络密度表示每个自我政策利益相关者网络中边数占整体网络中所有可能边数百分比，用来衡量每个个体网的凝聚力程度（图4-16）。

住房租赁政策利益相关者网络中全部节点的自我中心网络度量　　表4-18

行动者	中央政府	地方政府	市场主体	公民社会	公众
网络规模	24	79	31	17	25
边数	122	1026	182	16	106
密度	0.442	0.333	0.391	0.118	0.353
直径	2	3	3	3	3

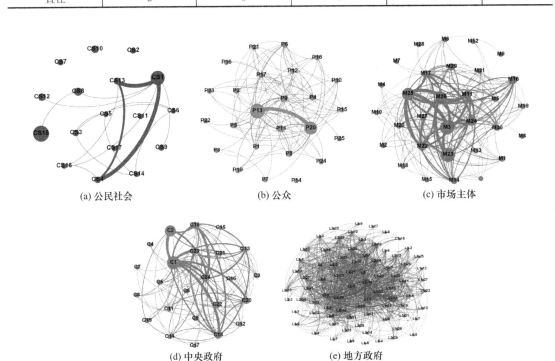

图4-16　五类住房租赁政策利益相关者子网络

利用个体网规模和规范化的中介中心性两项指标的交互分析，可将政策利益相关者网络分为4种基本的结构模式，在不同的网络结构中，中心节点与其他相关主体的相对力量均衡状态存在规律性的差异。主导者群体：关键的利益相关者与政策设计、政策实施过程关系密切，能在政策网络中高效地传播信息、思想观念和行为方式。跟随者群体：这一类

四、住房租赁政策评价及匹配分析

主体通常会遵循一套一致的行为规范，跟随者一般不能在网络中影响信息交换过程，此外，某些中心政策行动者也会在内部排斥、控制跟随者的传播能力，以系统性地阻止跟随者的信息影响。边缘者群体：由于处在网络边缘位置，其行为一定程度上可能不被注意。连接者群体：这类群体在网络中的位置类似于"结构洞"，是连接不同聚类的重要节点，可利用其强大的桥梁地位来控制网络交流和建立共享的规范。根据上述判断规则将5类住房租赁政策利益相关者中的4种群体类型总结如表4-19所示。

五类住房租赁政策相关者中的4种群体类型划分（典型节点） 表4-19

	主导者	跟随者	边缘者	连接者
公民社会	住房租赁行业协会	① 人民调解委员会 ② 住房租赁公益律师	① 业主委员会 ② 房地产经纪协会 ③ 专家学者	中国证券业协会
公众	① 个人出租人 ② 承租人	① 流动人口 ② 进城务工人员 ③ 新就业大学生	保障对象	城市中低收入家庭
市场主体	① 租赁专营企业 ② 房地产开发企业	① 民营租赁专营企业 ② 金融机构 ③ 房地产经纪企业	① 优秀房地产开发企业 ② 优秀房地产经纪企业	① 国有租赁专营企业 ② 商业性金融机构 ③ 大型用人单位
中央政府	中央住房和城乡建设部门	① 国务院 ② 中央发改部门 ③ 中央自然资源部门 ④ 中央财政部门	① 中央卫生部门 ② 中央应急管理部门	① 中央银监部门 ② 中央工商部门
地方政府	二级地方人民政府	① 二级地方住建部门 ② 一级地方人民政府 ③ 一级地方住建部门	① 二级地方财政部门 ② 二级地方法律部门 ③ 二级地方征收部门 ④ 三级地方民政部门 ⑤ 一级地方消防部门	三级地方人民政府

前文中关于5类利益相关者节点在供给网络中的群体类型划分可直接反映出不同节点在网络中的地位，其重要度顺序从高到低依次为主导者、跟随者、边缘者，连接者的重要程度排序不甚固定，其与跟随者的排序差异要根据具体网络中聚类间实际情况进行判断。在前文需求识别部分的中央政府类节点中，中央住房和城乡建设部门为关键主导者，中央财政部门节点为关键跟随者，则此二节点为完全匹配；中央大数据部门节点、中央法律部门节点为非关键边缘者，则此二节点为部分匹配；中央宣传部门节点、中央住房租赁单设部门或工作组节点不在利益相关主体供给网络中，为完全不匹配节点。在地方政府类节点中，地方住房和城乡建设部门为关键跟随者，地方财政部门、地方法律部门为关键边缘者，则此三节点完全匹配；地方大数据部门为非关键边缘者，则该节点部分匹配；地方宣传部门和地方住房租赁单设部门与中央政府类一致，为完全不匹配节点。在市场主体类节点中，住房租赁专营企业、房地产开发企业均为关键主导者，因而此二节点为完全匹配。

在公民社会类节点中，住房租赁行业协会为关键主导者，人民调解委员会为关键跟随者，因而此二节点为完全匹配。在公众类节点中，个人出租人和承租人为关键主导者，新就业大学生、进城务工人员为关键跟随者，此四节点为完全匹配；新就业职工为非关键跟随者，该节点部分匹配。

3. 利益相关者网络演化分析

与政策工具、政府目标、施策主体其他三维网络相比，利益相关者网络形态差异较小，可能是由于住房租赁领域涉及的政府、社会、公众具体子类较为稳定，新主体的出现和旧主体的消退不甚明显。不同聚类中的重要利益相关者组合如下：

第一阶段出现在"Cluster Ⅰ：高校院所、物业、大型用人单位""Cluster Ⅱ：个人出租人、机构出租人、承租人、二级地方住房和城乡建设部门、流动人口、房地产经纪企业、三级地方住建部门""Cluster Ⅲ：承租人、个人出租人、中央住房和城乡建设部门""Cluster Ⅳ：一级地方住房和城乡建设部门、二级地方人民政府、三级地方人民政府、一级地方人民政府、房地产开发企业、一级地方公安部门"四个组集中，分别以大型用人单位、个人出租人、中央住房和城乡建设部门、一级地方人民政府为中心节点。

第二阶段出现在"Cluster Ⅲ：住房租赁专营企业、承租人、机构出租人、个人出租人、物业、房地产经纪企业""Cluster Ⅳ：二级地方人民政府、一级地方住房和城乡建设部门、三级地方人民政府、房地产开发企业、一级地方人民政府"两个组集中，分别以个人出租人、一级地方人民政府为中心节点。

第三阶段出现在"Cluster Ⅰ：个人出租人、一级地方住房和城乡建设部门、机构出租人、承租人、一级地方人民政府、二级地方住房和城乡建设部门""Cluster Ⅱ：基层管理组织、二级地方财政部门、二级地方教育部门、二级地方公安部门""Cluster Ⅲ：三级地方人民政府、房地产开发企业、二级地方人民政府、国有住房租赁专营企业、金融机构、房地产经纪企业"三个组集中，分别以个人出租人、二级地方公安部门、二级地方人民政府为中心节点。

第四阶段出现在"Cluster Ⅲ：房地产开发企业、国有住房租赁专营企业、民营住房租赁专营企业、房地产经纪企业""Cluster Ⅳ：个人出租人、一级地方住房和城乡建设部门、机构出租人、承租人、一级地方人民政府""Cluster Ⅵ：二级地方人民政府、三级地方人民政府、住房租赁专营企业、农村集体经济组织、二级地方自然资源部门、二级地方住房和城乡建设部门"三个组集中，为国有住房租赁专营企业、机构出租人中心节点。

第五阶段为"Cluster Ⅰ：一级地方住房和城乡建设部门、个人出租人、住房租赁专营企业、机构出租人、承租人、一级地方人民政府、房地产经纪企业""Cluster Ⅳ：二级地方人民政府、三级地方人民政府、二级地方财政部门、三级地方住房和城乡建设部门、二级地方住房和城乡建设部门"两个组集中,一级地方住房和城乡建设部门、二级地方住房和城乡建设部门中心节点(图4-17)。

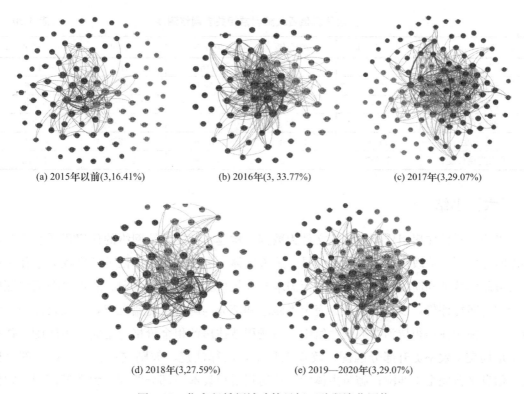

(a) 2015年以前(3,16.41%)　　(b) 2016年(3, 33.77%)　　(c) 2017年(3,29.07%)

(d) 2018年(3,27.59%)　　(e) 2019—2020年(3,29.07%)

图4-17　住房租赁领域政策目标五阶段演化网络
注:此5个网络为剪枝后简化形式,括号内为边权阈值和简化形态占比。

不同阶段的演化差异性如下:①第二阶段相较于第一阶段,增加了新闻媒体、政策性金融机构、有购房意愿的常住人口、专业技术人员、新就业大学生等20个节点,减少了基层管理组织、中央财政部门、新就业职工、一级地方卫生部门、企事业单位等43个节点,中心节点由承租人(74→52)迁移至一级地方人民政府(65→73)。②第三阶段相较于第二阶段,增加了农村集体经济组织、基层管理组织、二级地方教育部门、二级地方财政部门、二级地方发改部门等57个节点,减少了一级地方金融部门、一级地方城管部门、有购房意愿的常住人口、中央公积金部门、一级地方党委等18个节点,中心节点由一级地方人民政府(73→48)迁移至房地产经纪企业(60→99)。③第四阶段相较于第三阶段,增加了拆迁农民、二级地方环保部门、中国证券业协会、房地产估价机构、评级机构等8个节点,减少了基层管理组织、住房租赁公益律师、新闻媒体、二级地方城管部门、新市民等51个节点,中心节点由房地产经纪企业(99→51)迁移至二级地方住建部门(90→59)。④第五阶段相较于第四阶段,增加了基层管理组织、二级地方金融部门、二级地方城管部门、二级地方国资部门、新市民等58个节点,减少了一级地方证监部门、政策性金融机构、开发性金融机构、一级地方人民银行、拆迁农民等19个节点，中心节点由二级地方住房和城乡建设部门（59→71）迁移至个人出租人（46→96）（表4-20）。

五阶段住房租赁政策利益相关者网络测度　　　　表4-20

测度指标	2015年以前	2016年	2017年	2018年	2019—2020年
节点数	100	77	116	78	117
连边数量	1085	989	2389	986	1816
网络密度	0.219	0.338	0.358	0.328	0.268
网络直径	3	3	3	3	3
平均度	21.7	25.688	41.19	25.282	31.043
平均路径长度	1.867	1.672	1.669	1.695	1.772

（六）小结

以约400份住房租赁相关政策文件为数据，构建了基于政策网络的住房租赁引导政策供需匹配模型，从政策目标、政策工具、施策主体、利益相关主体四维角度探究了住房租赁政策总体特征和演化特征，以及政策需求和政策供给间的匹配情况。利用复杂网络测度指标进行匹配评价，以找出结果为完全不匹配和部分匹配的供需错配点，政策目标中，营造全社会关于住房租赁消费的理性氛围、市场租赁住房的租金价格稳定完全不匹配，住房租赁市场交易效率提升部分匹配；政策工具中，法律法规、鼓励支持、行业自律部分匹配，信息平台完全不匹配；施策主体中，住房租赁单设部门部分匹配，大数据部门、宣传部门完全不匹配；利益相关主体中，中央大数据部门、中央法律部门、地方大数据部门、新就业职工部分匹配，中央宣传部门、中央住房租赁单设部门、地方宣传部门、地方住房租赁单设部门完全不匹配。上述内容即为引导政策供需不匹配之处，应作为协同引导政策优化设计的重点。

五、住房租赁行为协同引导政策优化设计

(一) 住房租赁引导政策设计的基本元素

1. 政策工具优选

在中国社会科学引文索引（Chinese Social Sciences Citation Index）中以"政策工具"为篇名关键词，共计检索到 2017—2020 年公开发表期刊论文 123 篇（核心库），经过文章相关性筛查，得到高度相关的政策工具应用研究论文 60 篇。基于对文本内容的分词，得到 474 项政策工具，但由于关于政策工具的专业用词不统一，其中存在大量的重复，因而本书基于公共政策工具语料库，利用语料库比对过程，对已挖掘的政策工具进行去重清洗。为了进一步探讨这些政策工具的特点，并解释如何在不同的政策领域使用它们，采用谱聚类算法（Spectral Clustering，SC）来划分由"政策领域—政策工具"节点组成的加权无向共现图中存在的分层聚类[192]（表 5-1）。图 5-1 显示了政策工具使用 SC 算法定义的单词频率范围（共计 360 个节点）。图 5-1 中左下角的节点词出现频率较高，右上角的节点词出现频率较低，因而，该图呈现"从左到右，从下到上"单调递减的离散分布规律。

基于谱聚类算法的"政策领域—政策工具"节点划分流程　　表 5-1

Algorithm: Spectral Clustering Pseudocode
Input: Sample point $X=\{x_1, x_2, \cdots, x_n\}$; Cluster Number k; $n=360$; $k=3$
Output: Cluster A_1, A_2, A_3
$step_1$: similarity matrix $W=[s_{ij}]_{n\times n}$; $s_{ij}=s(x_i,x_j)=\sum_{i=1,j=1}^{n}\exp\dfrac{-\parallel x_i-x_j\parallel}{2\delta^2}$ degree diagonal matrix $D=[d_i]_{n\times n}$; $d_i=\sum_{j=1}^{n}W_{ij}$ Laplacian matrix $L=D-W$ calculate eigenvalue of matrix $u_1, u_2, \cdots, u_k$; eigenvector $U=\{u_1, u_2, \cdots, u_k\}$, $U\in R^{n*k}$ Let $y_i\in R^k$ be the vector of the i-th row of matrix U $step_2$: clustering new sample points $Y=\{y_1, y_2, \cdots, y_n\}$ into cluster $C_1, C_2, \cdots, C_k$ $step_{2-1}$: def calculate_distance (core: tuple, dot: tuple)   return dist $step_{2-2}$: def calculate_cluster (dot: tuple, cores: list)   distance_list=[]

续表

```
for core in cores
min_dist=min (distance_list)
put_to_index=distance_list. index (min_dist)
return put_to_index
step_{2-3}: def put_dot_into_clusters (row_data：list，k：int，cores：list)
clusters=[]
for each in range (k)
for every_data in row_data
return clusters
step_{2-4}: def re_calculate_core (cluster：set)
all_x=[]
all_y=[]
for each_dot in cluster
new_core= (round (avg_x, 2)，round (avg_y, 2))
return new_core
step_{2-5}: for num in range(10)
data_list. append (adot) s
step_3: output cluster $A_1, A_2, \cdots A_k, A_i=\{j \mid y_j \in C_i\}$
```

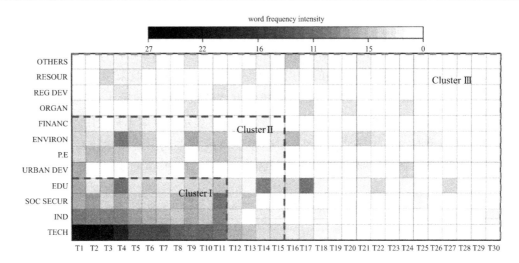

图 5-1　30 种主要政策工具在不同政策领域的词频分布

谱聚类算法可以对加权无向图中节点进行划分，其结果是得到两个或两个以上的最优子图，其中子图的内部尽可能相似，异质化子图之间的距离尽可能远，以达到聚类的目的[193]。SC 算法主要有两个步骤：第一步是将高维空间的数据映射到低维空间。第二步是使用其他聚类算法（如 Min Cut，Ratio Cut 等）在低维空间中获得 n 个聚类。本书使用"政策工具在政策字段中的使用频率"作为节点，并根据使用频率将样本在 DBI 中排列到一个 [12×30] 矩阵中。观察矩阵的基本特征，可以看出节点大小变化很大。因此，通过考虑最小化不同聚类间的边权值和最大化每个聚类中的节点数，使用比例切割对矩阵进行聚类。根据节点强度，SC 算法将 360 个节点划分为 3 个聚类。聚类 I 有 44 个节点，词频量占网络全部词频总量的近50%。技术政策（TECH）、产业政策（IND）、社会保障政策（SOC SECUR）和教育政策（EDU）集群对税收和利息补贴、政府服务和金融工具等11种政策工具具有明显的偏好。其中，技术政策集群对鼓励与支持、政府购买服务、法律与管理法规、融资补贴4种政策工具的偏好最强。这4种工具占技术政策工具使用频率的43%。聚类Ⅱ包含76个节点，其词频占总词频的26%。"环境政策—融资补贴"和"教育政策—市场培育"是词频最高的两个节点。聚类Ⅲ包含228个节点，其词频比与聚类Ⅱ几乎相同。频率最高的是10个，是"教育政策—权力调整"节点。频率为0的节点有121个，占聚类Ⅲ节点总数的53%。

结合以上30种政策工具的词频和共现度，可以看出，税收和利息补贴、融资补贴、法律和管理法规、鼓励和支持、金融工具和政府购买服务占了相对较多的政策工具。同时，"融资补贴、法律、管理法规""鼓励扶持目标规划""税收贴息目标规划"等政策也存在明显的协同现象。在与住房租赁市场发展政策密切相关的社会保障和城市发展领域，融资补贴、鼓励和支持、管制、教育和培训、政府购买服务及税收和利息补贴比其他方面使用得更多。综合考虑词频分布、政策工具共现网络以及相关领域的有效政策工具，确定了8种政策工具（图5-2、表5-2）。值得注意的是，每个政策工具都包含各种基于不同政策目标和政策文件起草环境的具体措施。从而使其更多样性和实用性，在本书中只讨论了一般情况。

税收和利息补贴直接影响社会生产、分配、交换和消费，通过干预市场运行机制来实现社会或经济目标。融资补贴的子类包括收入分配、金融投资、直接补贴、国债等。法律和管理法规包括法律、行政法规、司法解释、地方性法规、部门规章等规范性文件。鼓励和支持是指引导相关主体履行决策者所期望的某些行为的政策措施。教育和培训的目的是通过提高员工或其他相关人员的能力来实现相应的政策目标。金融工具的运行过程是中央银行通过金融体系和金融市场调节国民经济中的货币供给，影响投资等经济活动，最终达到一定的政策目标。目标规划是指决策者制定的一系列量化或定性的目标，这些目标需要在政策实施一段时间后才能实现。政府服务是由各级政府提供的，它可以给市场的供给侧和需求侧带来商业便利。

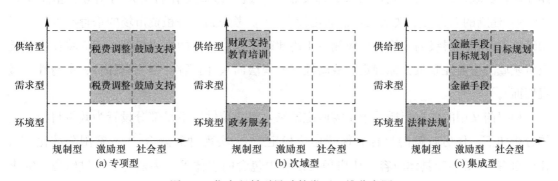

图5-2 住房租赁引导政策类型三维分布图

住房租赁引导政策——政策工具类型及内涵解释　　　　表 5-2

编号	政策工具名称	政策工具类型	政策工具内涵
1	税费调整	供给型/需求型—激励型—专项型	① 降低住房租赁企业房产税、营业税等经营性税负；② 向个人房东加征房屋空置税；③ 减免承租人的合同备案费
2	财政支持	供给型—规制型—次域型	直接补贴扶持租赁企业发展
3	法律法规	环境型—规制型—集成型	① 制定租赁双方行为准则；② 明确出租人、承租人租约存续期间的权利及义务
4	鼓励支持	供给型/需求型—社会性—专项性	① 鼓励房地产开发企业转型、中介企业升级成为专业化、规模化的租赁企业；② 鼓励青年群体形成梯度住房消费观念，先租后买等
5	教育培训	供给型—规制型—次域型	开展住房租赁从业职业资格培训及评定
6	金融手段	供给型/需求型—激励型—集成型	① 金融机构给予重资产租赁企业长期低息贷款租赁企业发行REITs；② 开发个人住房租赁贷款业务等
7	目标规划	环境型—激励型/社会型—集成型	制定住房租赁发展五年规划
8	政务服务	环境型—规制型—次域型	政府搭建住房租赁服务平台

2. 优化目标设定

高维多目标优化算法整体测试时，一般选用的目标数为 6 项，为保证计算的精度，本节将住房租赁政策目标数也设定为最多 6 项，此外，在后节算法设计中也将遵循 6 项目标测试集。在公共政策评价研究中，一般性指标有效益、效率、充分性、公平性、回应性、适当性[194]。住房租赁政策兼具宏观政策属性，是"购租并举"住房制度中两大住房实现方式之一；产业政策属性，涉及租赁住房产业链建立与完善；微观政策属性，要对青年群体住房权实现形式转向"先租后买、梯度消费"这一微观主体行为进行引导。基于李琪（2019）建立的五大类公共政策评估通用标准[195]，考虑到住房租赁市场的培育与发展处于初级阶段，相应层级的政策目标应侧重于构建政策作用对象的推进机制，因而将住房租赁政策领域的一般性政策目标确定为战略性（宏观层面）、前瞻性（产业层面）、参与性（微观层面）。

根据前文中的住房租赁政策供需匹配结果，将政策供给不足部分设置为政策目标，具体分析如下。住房政策的目标有保持房价稳定[196]、实现种族融合[197]、贫困分散化[198]、住房自有[199]等多项具体内容。住房租赁系统中包含的主体可分为监管方、供给方、需求方，监管方为各级地方政府，需求方为个人承租者和规模承租者（例如企业租赁批量住房作为职工公寓），而供给方又可细化为产业链上的不同主体，由于租赁住房的生产过程与普通建筑无明显差异，因而仅关注住房租赁企业、中介机构、个人出租者三类重要主体。前文中的政策错配之处与住房租赁行为引导过程中存在的主要问题和矛盾相适应：一是住房供给"重售轻租"的积弊仍然存在，多主体的住房租赁供应尚未形成；二是青年群体"重购轻租"的住房消费观念仍然普遍，住房租赁需求未获得有效释放，强制性的政策和监管以及经济激励对新生代住房租赁行为有较强的提升作用[200]；三是租赁市场秩序混乱，承租双方矛盾突出，中介违规经营现象频发。从系统的参与主体来讲，本节可确定为针对城市青年群体的住房租赁消费社会氛围提升、针对专业化租赁机构的市场占有率提升，以及针对管理方的租赁市场运行效率提升。

（二）住房租赁行为引导政策多目标建模

1. 多目标函数基本设定

多目标优化是由多个目标函数和多个等式或不等式的约束函数组成，数学描述如式（5-1）所示。

$$\begin{cases} \max f_1(x) = \sum_{i=1}^{8} a_i x_i, \max f_2(x) = \sum_{i=1}^{8} b_i x_i \\ \max f_3(x) = \sum_{i=1}^{8} c_i x_i, \max f_4(x) = \sum_{i=1}^{8} d_i x_i \\ \max f_5(x) = \sum_{i=1}^{8} e_i x_i, \max f_6(x) = \sum_{i=1}^{8} f_i x_i \end{cases} \quad (5\text{-}1)$$

$$s.t.$$
$$g_i(x) \geqslant 0, i = 1, 2, \cdots\cdots, p$$
$$h_j(x) \geqslant 0, j = 1, 2, \cdots\cdots, p$$

其中，$f_k(x)$，$\{k=1,2,3,4,5,6\}$为目标函数，分别为政策战略性最大化、政策前瞻性最大化、政策参与性最大化、住房租赁消费社会氛围最大化、专业化租赁机构市场占有率最大化、租赁市场运行效率最大化。$g_i(x)$及$h_j(x)$为约束函数，$x=\{x_1, x_2, \cdots\cdots, x_8\}^T$为8维的设计变量，即前文确定的政策工具：税费调整、财政支持、法律法规、鼓励支持、教育培训、金融手段、目标规划、政务服务。

2. 目标函数构建

目标函数的确定包含自变量与因变量相关系数方向以及大小两部分，基于网络爬虫和文本挖掘方法，从相关文本信息中挖掘出8类政策工具与6项目标间的共现强度，并据此确定相关系数和方向。为提高系数的合理性，权重的确定采用熵权法结果和政策工具频率占比结果的综合权数,且两类方法的占比各为0.5。

目标1、2、3为政策设计过程中的一般性目标,本节以"政策设计""政策制定""政策评估""政策组合"等为关键词在 CSSCI 文献库中搜索高相关性、高水平文章,其中政策战略性最大化目标原始文献153篇、政策前瞻性最大化目标原始文献105篇、政策参与性最大化目标原始文献44篇。借鉴观点挖掘研究领域的思想和方法,基于文本共现原理挖掘其中关于本书提出的8项政策工具与此3项政策目标间的关联性,以此确定相关系数。目标4、5、6为住房租赁引导政策的精准目标,本章节选用专家学者公开发表的权威文献和评论文章、媒体采访等材料,以"住房租赁市场""租赁政策""租购并举制度""城镇住房制度""房住不炒""多主体供给"等为关键词,一是在 CNKI 中搜索相关出版文献,二是利用网络爬虫技术在百度搜索结果、微博、微信公众号等网络公开平台获取相关文本信息,其中权威公众号选取来源于中商产业研究院发布的《2019年7月全国房地产微信公众号 WCI 排名及数据》。经过相关性排除,共获取高相关性的高水平学术文献77篇,权威评论文章38篇。本小节建立的目标函数见式(5-2)。

$$\begin{cases} \max f_1(x) = 0.1401x_1 + 0.1362x_2 + 0.1362x_3 + 0.0885x_4 + 0.1306x_5 + \\ \qquad\qquad 0.1178x_6 + 0.1315x_7 + 0.1192x_8 \\ \max f_2(x) = 0.1271x_1 + 0.1186x_2 + 0.1315x_3 + 0.1032x_4 + 0.1260x_5 + \\ \qquad\qquad 0.1143x_6 + 0.1239x_7 + 0.1555x_8 \\ \max f_3(x) = 0.1094x_1 + 0.1552x_2 + 0.1064x_3 + 0.1543x_4 + 0.1337x_5 + \\ \qquad\qquad 0.0647x_6 + 0.1058x_7 + 0.1705x_8 \\ \max f_4(x) = 0.1714x_1 + 0.1604x_2 + 0.1528x_3 + 0.1767x_4 + 0.1693x_6 + \\ \qquad\qquad 0.0531x_7 + 0.1163x_8 \\ \max f_5(x) = 0.1975x_1 + 0.1061x_2 + 0.1434x_3 + 0.1917x_4 + 0.0210x_5 + \\ \qquad\qquad 0.1864x_6 + 0.0480x_7 + 0.1059x_8 \\ \max f_6(x) = 0.1367x_1 + 0.0272x_2 + 0.1884x_3 + 0.0272x_4 + 0.1103x_5 + \\ \qquad\qquad 0.0622x_6 + 0.0622x_7 + 0.3858x_8 \end{cases} \quad (5\text{-}2)$$

本小节利用内容分析法和共词分析法对文献及评论文章中的相关观点进行分析,并使用 Bibexcel 及 Ucinet 软件计算了6项目标下8项政策工具的共现网络相关参数(见矩阵和图5-3)。各类目标中,最大节点强度(node degree)分别为政务服务、财政支持、教育培训、财政支持、金融手段、法律法规,共现强度(link strength)最高的组合为政务服务—教育培训、税费调整—财政支持、税费调整—金融手段、政务服务—法律法规。与前文得出的目标函数系数反映的权重基本一致,也进一步验证了本书所建立目标函数的合理性。

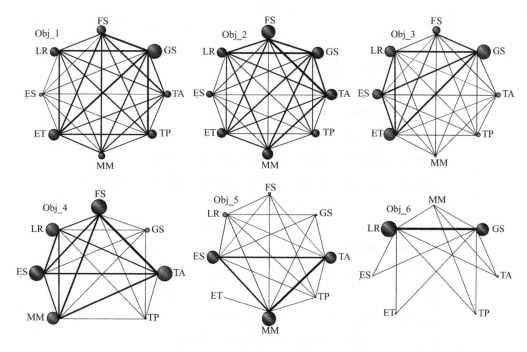

图 5-3 8项政策工具基于6项目标的耦合网络

注：图中 FS 为财政支持，GS 为政务服务，TA 为税费优惠，TP 为目标规划，MM 为金融工具，ES 为鼓励支持，LR 为法律法规，ET 为教育培训。

$$T_1 = \begin{bmatrix} 1 & & & & & & & \\ .1301 & 1 & & & & & & \\ .0713 & .0713 & 1 & & & & & \\ .2238 & .2101 & .0701 & 1 & & & & \\ .2921 & .1643 & .0632 & .2048 & 1 & & & \\ .1470 & .2026 & .0265 & .2034 & .1391 & 1 & & \\ .3881 & .1885 & .0945 & .1278 & .3088 & .1194 & 1 & \\ .2921 & .2649 & .0742 & .3103 & .1674 & .2472 & .1372 & 1 \end{bmatrix}$$

$$T_2 = \begin{bmatrix} 1 & & & & & & & \\ .3358 & 1 & & & & & & \\ .1688 & .1345 & 1 & & & & & \\ .2709 & .2288 & .1835 & 1 & & & & \\ .5056 & .3376 & .1759 & .2834 & 1 & & & \\ .2072 & .1662 & .1473 & .1538 & .1474 & 1 & & \\ .6184 & .3089 & .1010 & .2370 & .4280 & .1281 & 1 & \\ .3867 & .2926 & .1834 & .3747 & .3605 & .1897 & .3327 & 1 \end{bmatrix}$$

$$T_3 \begin{bmatrix} 1 & & & & & & & \\ .1143 & 1 & & & & & & \\ .0316 & .2506 & 1 & & & & & \\ .1778 & .2401 & .2654 & 1 & & & & \\ .0167 & .0476 & .1184 & .0104 & 1 & & & \\ .0333 & .0952 & .1053 & .1302 & .0000 & 1 & & \\ .2667 & .0476 & .1462 & .0741 & .0278 & .0556 & 1 & \\ .2881 & .3333 & .2707 & .4821 & .0357 & .1116 & .1429 & 1 \end{bmatrix}$$

$$T_4 \begin{bmatrix} 1 & & & & & & & \\ .1348 & 1 & & & & & & \\ .1024 & .0524 & 1 & & & & & \\ .1482 & .1010 & .0730 & 1 & & & & \\ 0 & 0 & 0 & 0 & 1 & & & \\ .0263 & .0076 & 0 & 0 & .0083 & 1 & & \\ .2304 & .0663 & .1052 & 0 & .1523 & .0068 & 1 & \\ .0096 & .0441 & .0098 & 0 & .0121 & .0227 & 0 & 1 \end{bmatrix}$$

$$T_5 \begin{bmatrix} 1 & & & & & & & \\ .0222 & 1 & & & & & & \\ .0706 & .1089 & 1 & & & & & \\ 0 & 0 & 0 & 1 & & & & \\ .0155 & .0958 & .1636 & .0172 & 1 & & & \\ .0333 & .0185 & .0261 & 0 & .0230 & 1 & & \\ .0766 & .0579 & .2019 & 0 & .3525 & .0071 & 1 & \\ 0 & .0625 & .0392 & 0 & .0086 & 0 & .0027 & 1 \end{bmatrix}$$

$$T_4 \begin{bmatrix} 1 & & & & & & & \\ 0 & 1 & & & & & & \\ 0 & 0.0123 & 1 & & & & & \\ 0 & 0.0635 & 0 & 1 & & & & \\ 0 & 0.0165 & 0 & 0 & 1 & & & \\ 0 & 0.0370 & 0 & 0 & 0.1111 & 1 & & \\ 0 & 0.0444 & 0 & 0 & 0.0333 & 0 & 1 & \\ 0 & 0.4444 & 0.0156 & 0.0201 & 0.0208 & 0.0469 & 0.0563 & 1 \end{bmatrix}$$

3. 约束函数构建

约束的确定是基于公共政策量化，而一般使用的量化工具大致可分为数学方法、统计学、运筹学、复杂科学以及计量经济学。本书建立的约束函数是对不同种政策工具在一项政策文本设计中的频数进行约束和限制，由于PMC指数等政策评估模型在政策后评估研究中使用较多，其较为成熟的评价指标体系是以具体的政策文本作为评价对象，而本书讨论的是在政策前评估即设计阶段各类政策工具数量的最优组合，难以直接应用。因此，本节尝试利用经验分析方法确定决策变量的约束函数参数，以权威政策评价文献中得出的高水平政策为统计样本，在高水平政策集中统计本章节所采用8项政策工具的分布情况和在单项政策文本中的共现频率，据此作为约束函数参数确定的重要依据。住房租赁行为引导的初级阶段集中于综合性政策，其在政策工具使用与组合方面较为丰富，因而本节在高水平政策集建立中主要收集各领域的综合类政策。

以"政策评估""政策评价""政策效应""政策效果"为篇名关键词检索式，在CSSCI数据库中检索文献1037篇。首先进行文献的相关性判断，即相关文献是指研究对象为完整的已出台政策，而非部分具体政策措施或抽象的政策；再以研究结论中明确指出该政策具有显著有效性为判别准则，经过作者的二次人工筛选过程，建立包含30条政策文本的高水平政策库。利用Nvivo软件进行政策文本的编码工作，统计出各项政策文本中上述8项政策工具的分布情况。由于区域或中长期规划类的政策文件涉及的主体、行为较多，政策工具使用频数较高，故各个政策文本总容量不同，例如《陕西省"十三五"环境保护规划》全文高达34650字，而《财政部 国家税务总局对中关村科技园区建设国家自主创新示范区有关股权奖励个人所得税试点政策的通知》全文仅有832字，因而采用"各项政策工具出现频次占统一文本中8项政策工具"这一标准化指标作为统计样本，统计数据部分见图5-4。经方差分析，8项政策工具中，财政支持均方差最大，为0.183，目标规划均方差最小，为0.055，样本的离散程度尚可。为避免样本中极大极小值异常带来的约束区间不合理，在本小节取各项政策工具占比的第一四分位数为约束下限，第二四分位数为约束上限，确立的约束函数如式（5-3）所示。

$$\begin{cases} 0.0321 \leqslant \dfrac{x_1}{\sum_{i=1}^{8} x_i} \leqslant 0.1466, 0.0674 \leqslant \dfrac{x_2}{\sum_{i=1}^{8} x_i} \leqslant 0.1756 \\ 0 \leqslant \dfrac{x_3}{\sum_{i=1}^{8} x_i} \leqslant 0.1150, 0.2542 \leqslant \dfrac{x_4}{\sum_{i=1}^{8} x_i} \leqslant 0.4679 \\ 0 \leqslant \dfrac{x_5}{\sum_{i=1}^{8} x_i} \leqslant 0.1356, 0 \leqslant \dfrac{x_6}{\sum_{i=1}^{8} x_i} \leqslant 0.1326 \\ 0 \leqslant \dfrac{x_7}{\sum_{i=1}^{8} x_i} \leqslant 0.0769, 0.0042 \leqslant \dfrac{x_8}{\sum_{i=1}^{8} x_i} \leqslant 0.1538 \end{cases} \quad (5\text{-}3)$$

节点最大值为 FS-P11，即 100%。有 22 个最小值节点，如"TP-P3""GS-P9"等，均为 0%。为了进一步分析节点值的差异，使用四分位数统计来简单地对这些节点进行聚类。根据四分位数统计方法，得到如下四个聚类：①聚类 A（节点值在 0～25%）包含 209 个节点，占所有节点数的 87.1%。②聚类 B（节点数在 26%～50%）共有 24 个节点，占所有节点数的 10%。③聚类 C（节点值在 51%～75%）共有 24 个节点，占所有节点数的 10%。④聚类 D（节点值在 76%～100%）包含 4 个节点，占所有节点数的 1.7%。由于聚类 B、C 和 D 包含的节点很少，聚类分析的分化程度较低。根据节点值的规模差异，对 26%～100% 的节点重新聚类。将值在 26%～100% 的节点按大小排序，ES-P2 与 GS-P8 的差异最大，为 13.9%。最后，将高水平数据库中的 8 项政策工具节点分为聚类Ⅰ（节点值在 0～25%）、聚类Ⅱ（节点值在 26%～65%）和聚类Ⅲ（节点值在 66%～100%）。

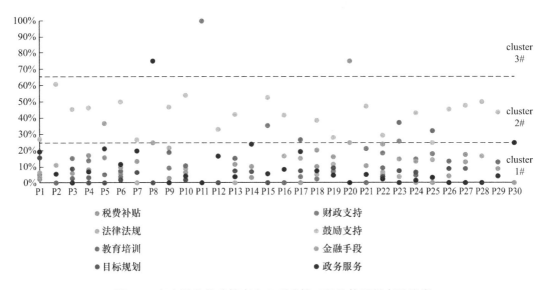

图 5-4　高水平公共政策库中 8 项政策工具的使用频率及聚类

（三）基于多目标优化思想的协同政策设计算法

1. 多目标优化问题描述与分析

多目标优化问题的复杂性体现在决策空间中不存在唯一的解能使所有的目标同时达到最优，求解多目标优化问题是要找到一组表示目标间权衡关系的 Pareto 最优解，且解集需要满足收敛性和多样性。对于现存的多目标优化算法，虽然基于支配的算法能够在一定程度上改善收敛性能，但由于支配关系先天的劣势，对于目标数量较多的问题（如 10 个和 10 个以上目标的优化问题），这类算法的性能仍有待提高。对于基于支配的算法，由于参考相量是在整个目标空间生成，其假设高维多目标优化问题的 PF 是完整的流形（各个目标之间是完全冲突的）。然而，许多问题特别是实际工程问题的 PF 是不规则的。例如，DTLZ[201]测试集中的 DTLZ5 和 DTLZ6 问题的 PF 是退化的，其只有两个目标是完全冲突的，在高维上其 PF 仍然是一个 1 维的曲线。DTLZ7 问题的前沿是不连续的，PF 含有 m 个不连续的部分（m 是目标数量）。由于 PF 的不完整，很多参考相量将不能与 PF 相交，位于前沿外部的参考相量通常会引导演化算法搜索到位于 PF 边界上的点，这大大损害了算法的多样性，浪费了计算资源。虽然基于支配的多目标优化算法在一些问题上取得了极好的性能，例如 MOEA/DD 和 NSGA-Ⅲ在 DTLZ1-DTLZ4 上均取得了极好的性能，但是这种性能依赖于问题 PF 的形状，鲁棒性较差[202]。基于指标的算法往往需要耗费大量的时间来计算每个解的指标值，使得这类算法的时间复杂度较高[203]。

基于对现有算法的分析，提出了一种基于 Pareto 支配关系的两阶段高维多目标优化算法。第一阶段集中计算资源搜索边界解，并通过边界解确定极值点。此后，可以依据极值点将高维的目标空间缩小。在第二阶段可以根据极值点和支配关系共同选择精英解，并通过本书提出的动态最小距离选择多样性较好的解。支配关系在高维上会丧失选择压力，本书通过搜索到极值点并缩小目标空间的方式来提高算法的收敛性能，同时发挥了基于支配的算法在多样性保持方面的灵活性。基于分解的多目标优化算法由于需要产生一组均匀分布的参考向量，难以较好地处理具有不规则 PF 的高维多目标优化问题。本书提出的算法在第二阶段使用了动态最小距离的方法保持解集的多样性，使得算法能够很好地处理 PF 不规则的高维多目标优化问题。

2. MOEA/PT 算法设计

（1）算法总体框架

在本节将介绍提出的基于 Pareto 支配关系的两阶段进化高维多目标优化算法（MOEA/PT），其中 MOEA 表示多目标进化算法；P 表示 Pareto 支配关系；T 表示 two phase。MOEA/PT 分为两个子算法，第一阶段是极值点搜索，此后进入第二阶段，通过基于 Pareto 支配关系的进化算法输出一组精英解。值得注意的是，为了提高算法的鲁棒性，第一阶段通过自适应终止条件根据优化问题极值点搜索的难易而自适应终止。接下来的几个小节将对算法的各个模块进行详细介绍。

（2）算法的第一阶段以及其终止条件

在此阶段，通过极值点搜索算法搜索到优化问题的近似极值点，然后通过极值点缩小算法在高维多目标优化问题的搜索空间。值得注意的是 Pareto 极值点向量是由 Pareto 前沿上的各个目标的最大值所组成的，而且极值点只存在于目标空间[204]。因此不能直接在决策空间中搜索，现有的几种极值点搜索算法也是通过边界解来间接地搜索优化问题的极值点[205]，在本书采用一阶段自适应极值点搜索技术来搜索优化问题的极值点[206]。该方法的主要思想是在迭代过程中，通过最小化式（5-4）找到每个坐标轴上的边界解。

$$g(x \mid e^i) = vertdist(F(x), e^i), 其中 i = 1, 2, \cdots\cdots, m \tag{5-4}$$

式中，e^i 代表第 i 个坐标轴的方向向量，$vertdist(F(x), e^i)$ 表示 $F(x)$ 到轴 e^i 的垂直距离。在确定当前种群中的边界点之后，对这些边界点进行变异操作产生新解，并通过帕里托支配关系进行选择。迭代进行以上的操作，直到达到该阶段的终止条件。设所有的边界解所组成的集合为 P_b，则可由该集合，根据式（5-5）近似当前解集 P 的极值点。

$$B = (B_1, B_2, \cdots\cdots, B_m)^T \quad 其中, B_i = \max_{x \in P_b} f_i(x), i = 1, 2, \cdots\cdots, m \tag{5-5}$$

在搜索极值点的过程中，计算每第代与之前代的边界解最大变化率。由于需要给极值点搜索一定的搜索次数，所以设置检测变化的迭代次数为 200，即极值点搜索最少将进行200 代。在搜索极值点的过程中，需要给极值点一定的搜索次数，计算最大变化率的频率过高可能会导致极值点还没有被搜索到就切换到了第二阶段。反之，如果最大变化率的频率过低，会导致算法有可能一直停留在第一阶段从而失去了切换机制的应有的作用。通过我们在不同的测试问题上的实验表明在整个演化过程中判断 5～10 次比较合适。在实验阶段，我们选取的是 30 万次的函数评估，结合不同目标数时的种群规模，基本上每个目标数的问题都需要迭代 1000 多次，在这种情况下，将计算最大变化率的频率统一设定为 200代，从而确保每个问题基本上都能进行 5～10 次的最大变化率判断。如果由式（5-6）所得的最大变化率小于预定的阈值 0.001，则说明极值点已经在 200 代之内变化极少，当前阶段继续进行极值点搜索将很难使种群得到更大的改善，因此应终止此阶段。进行下一步的搜索操作。

$$\Delta_g = \max_{i \in \{1, \cdots\cdots, m\}} \left| \frac{B_i^g - B_i^{g-200}}{B_i^{g-200}} \right| \tag{5-6}$$

（3）算法的第二阶段

此阶段中，输入为第一阶段极值点搜索所得的种群，输出是通过基于 Pareto 支配关系和动态最小距离法的演化算法所得到的一组精英解。从图 5-5 中不难发现，如果边界解确定得不够准确，空间划分选解策略将会出现偏差，如：在 PF 上的解 x^1，x 近似出的极值点 B^1 是正确的，而 x^2，x^3 近似出的极值点 B^2 则由于过小，而导致空间划分出现严重的偏差，导致很多的非支配解也在外部空间而被删去。基于此，为了提高算法的鲁棒性以及处理高维多目标优化问题的效率，本书只在混合种群中发现非支配解，如果非支配解的数量大于规定尺寸，基于近似极值点的空间划分选解策略将作为算法选解的一个补充机制，在非支配解中进一步地通过空间划分完成选解。

设当前内部空间的非支配解集为 Q_i^m，其中 $|Q_i^m|$ 为当前内部空间中的非支配个体的数目，若 $|Q_i^m|$ 大于预先设置的种群上限 N 时，需要通过一个准则在 $|Q_i^m|$ 个非支配个

体中选择 N 个个体，并尽量保证保留下来的非支配个体分布的多样性。就多样性保持而言，在前文中已经说明了在多目标优化算法中常用的多样性保持策略会面临不准确、时间复杂度高、鲁棒性低等难题。基于此，本书提出了基于动态最小距离的多样性保持机制，首先将 m 个边界解保存进精英解集中，然后从剩余的 $(|Q_t^n|-m)$ 个个体中选择 $(N-m)$ 个精英个体。对除边界解之外的每一个解 x，计算距离其最近的解到它的距离 d，然后一个个地删除 d 最小的解。每删除一个解将重新计算每个解的 d。重复上面的步骤，直到种群中解的数量减少到 N 为止。图 5-5 给出了动态最小距离法保持多样性的一个例子，假设要从 6 个解中选择 4 个解。边界解 x^1 和 x^6 首先被保存下来，然后距离最近的一对 x^3 和 x^4 中的任意一个解被删除（设被删除的解为 x^3），此后更新剩下解的最小距离 d。此时具有最小距离的解为 x^5，删除 x^5 后最终所得的解将会是 x^1、x^2、x^4 和 x^6，这与理想的选解方式十分相符。

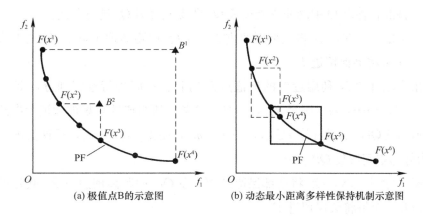

(a) 极值点B的示意图　　(b) 动态最小距离多样性保持机制示意图

图 5-5　Pareto 支配示意图

设当前内部空间的非支配解集为 S，其中 S 为当前内部空间中的非配个体的数目，若 S 大于预先设置的种群上限 N 时，需要通过一个准则在 S 个非支配个体中选择 N 个个体，并尽量保证保留下来的非支配个体分布的多样性。就多样性保持而言，在算法设计动机部分已经进行了讨论，一次计算的拥挤度距离策略不能很好地考虑每个解对于种群整体的多样性贡献，基于此，本书提出了基于动态最小距离的多样性保持机制，首先将 m 个边界解保存进精英解集中，然后从剩余的 S-m 个个体中选择 N-m 个精英个体。首先计算 S-m 个解中每个解到其他解的距离，将距离最小的一对解中的任意一解删除，然后重复以上步骤，直至 S-N 个劣解被删除。如图 5-5 所示，以从 6 个解中选择 4 个解为例，边界解 x^1 和 x^6 首先被保存下来，然后距离最近的一对 x^3 和 x^4 中的任意一个解被删除。然后，更新每个解的最近解距离，此时，距离最近的一对解为 x^1 和 x^2，由于 x^1 已经被优先加入到种群中，因此 x^2 将被删除。最终保留下来的解将会是 x^1，x^3，x^5 和 x^6 或者 x^1，x^4，x^5 和 x^6。这与理想的选解方式十分相符。然而，当使用传统的拥挤度距离排序的方式选择解时，拥挤度最小的两个解为 x^3 和 x^4，因此，x^3 和 x^4 都将被删除，最终保留下来的解将会是 x^1，x^2，x^5 和 x^6，种群的多样性较差。

应用动态最小距离的多样性保持策略，MOEA/PT 的第二阶段的算法流程如下：

输入：

1) 第一阶段的极值点搜索算法所保留的种群：P。

2) 近似的极值点：B。

步骤 1：生成新解

从输入种群 P 中随机选择两个解，然后对这两个解进行模拟二进制交叉（SBX）和多项式变异（polynomial mutation）操作生成新解 y，重复以上步骤直至 N 个新解全部生成，并与父代解组成混合种群 Q。

步骤 2：选择解

1) 首先将混合种群 Q 中的非支配解集 Q_1 和支配解集 Q_2 进行分离。

2) 如果 $|Q_1| \leqslant N$，Q_1 将全部保留进 P，在 Q_2 中距离理想点 Z^* 欧几里得距离最近的 $N-|Q_1|$ 个解将会保留进 P。

3) 如果 $|Q_1| \geqslant N$ 利用近似的极值点 B 对目标空间进行空间划分，即 x，$x \in Q_1$，如果 $\forall i, i \in \{1, \cdots\cdots, m\}$ 满足 $f_i(x) \leqslant B_i$，这类解所组成的解集被标记为内部空间解集 Q_1^{in}。对于 x，$x \in Q_1$，如果 $\exists i, i \in \{1, \cdots\cdots, m\}$，使得 $f_i(x) > B_i$，那这类解所组成的解集被标记为外部空间解集 Q_1^{out}。

4) 如果 $|Q_1^{in}| \leqslant N$，Q_1^{in} 将全部保留进 P，在 Q_1^{out} 中距离理想点 Z^* 欧几里得距离最近的 $N-|Q_1^{in}|$ 个解将会保留进 P。

5) 如果 $|Q_1^{in}| > N$，对于 Q_1^{in} 中的解，采用动态最小距离的多样性度量策略，将 $Q_1^{in}-N$ 个劣解删除。

步骤 3：终止条件

如果满足终止代数条件，则终止算法并输出 P；否则，返回步骤 1。

（4）对于 MOEA/PT 的讨论

高维多目标优化算法中，由于维度灾难，目标空间的大小将随着目标数量呈指数增加。MOEA/PT 在第一阶段集中计算资源搜索边界点，虽然在高维空间上 Pareto 支配的选择压力丧失，但是在边界点的局部空间内，Pareto 支配关系仍然具有较强的选择压力，第一阶段使种群快速收敛到 PF 附近。边界点可以确定极值点，通过极值点可以确定内部目标空间和外部目标空间。内部空间的解被认为是精英解，需要优先选择；外部空间的解由于已经超过了极值点，说明其不在 PF 附近，将作为补充选择加入种群中。极值点搜索和划分内外部空间有效地提高了基于支配关系多目标优化算法的收敛性能。当内部空间的非支配解的数量大于最大种群数量 N，则说明此时演化算法已经得到了足够多收敛性较好的解，在第二阶段使用动态最小距离来选择多样性较好的解，由于内部空间已经被初步确定，在使用动态最小距离选择解时，比使用预设参考向量保持解集多样性具有更大的灵活性，因此在具有不规则 PF 的高维多目标优化算法上将具有较好的性能。在算法中，快速非支配排序需要 $O(mN^2)$ 的时间复杂度，在动态最小距离法中，计算距离每个解最近的解的距离 d 需要 $O(mN^2)$ 的时间复杂度，为每个解更新 d 的值最坏需要 $O(mN)$ 的时间复杂度，因此，MOEA/PT 的最坏时间复杂度为 $O(mN^2)$。

3. MOEA/PT 算法实验分析

本章节在前三小节介绍实验所采用的基准测试问题，算法性能度量指标以及算法的参数设置，在后两小节将通过两组算法对比实验分别验证算法各个功能模块的有效性以及算法的整体性能。

（1）基准测试问题

在本研究实验中采用目前演化计算领域流行的高维多目标测试问题集 DTLZ，该测试问题集是实际工程问题的高度抽象，包含实际工程高维多目标优化问题中多峰、偏倚、退化、不连续等各种特性，能够测试所设计算法的各种性能，且可以根据需求拓展不同的优化目标数，一直是高维多目标优化算法设计所使用的主流测试问题。本研究实验中将目标数设置为 4，5，6，8。对于决策变量数 n，按照 $n=m+r-1$ 的形式进行设置，其中 $m\in\{4,5,6,8\}$，对于 DTLZ1 将 r 设置为 5，对于 DTLZ2—6 将 r 设置为 10，对于 DTLZ7 将 r 设置为 20。

（2）性能指标

在本研究实验中，实验结果的性能度量指标采用演化计算领域主流的反向迭代距离（Inverted Generational Distance，IGD）。IGD 是指计算真实 Pareto 前沿上的点到求出的近似 Pareto 前沿的最小距离的平均值。式（5-7）中 P^* 是真实 Pareto 前沿，P 是算法近似的 Pareto 前沿，IGD 定义为：

$$IGD(P,P^*) = \frac{1}{|P^*|}\sum_{v\in P^*} dist(v,P) \tag{5-7}$$

其中，$dist(v, P)$ 表示的是 v 到 P 中最近点的欧几里得距离。

通过式（5-7）可以看出，优化算法得到的近似 Pareto 前沿越接近真实 Pareto 前沿，并且在整个前沿上分布越均匀，那么计算出的 IGD 值就会越小。

（3）算法比较和参数设置

算法对比实验采用领域主流的 NSGA-Ⅱ（A Fast and Elitist Multiobjective Genetic Algorithm）、GrEA（A Grid-Based Evolutionary Algorithm）、NSGA-Ⅲ（An Evolutionary Many-Objective Optimization Algorithm Using Reference-Point-Based Nondominated Sorting Approach）和 MOEA/DD（An Evolutionary Many-Objective Optimization Algorithm based on Dominance and Decomposition）算法与本书提出的 MOEA/PT 算法进行对比（表5-3）。

现有算法与 MOEA/PT 算法对比　　　　　表5-3

NSGA-Ⅱ算法

首先通过非支配排序将待选择的种群分层，随后从第一层开始，依次将每一层所有的解加入子代种群。当种群数量将要超过事先设定的最大种群数量 N 时，应用拥挤度距离排序将具有最大拥挤度距离的解加入种群。该算法是典型的基于支配的多目标优化算法，具有良好的鲁棒性，但在处理高维问题上面临收敛压力丧失等缺点

GrEA 算法

第一步与 NSGA-Ⅱ相同，首先通过非支配排序将种群分层依次加入自带种群。在最后一层的处理上，GrEA 引入了格子支配关系和基于格子的多样性保持策略，以此来提高算法的收敛性和多样性

NSGA-Ⅲ算法

同样进行非支配排序，在最后一层的选择上，事先给定了一组参考点，通过将解与参考点绑定，在参考点的局部提高支配关系的效率，同时保持种群的多样性

MOEA/DD 算法

首先利用设定的参考向量将目标空间分成一组子区域。在通过非支配关系确定待选择种群的优先级次序后，通过子区域中所有解的聚合函数值定义区域的拥挤程度和收敛程度。以此决定应该从种群中删除的解以最大化地保持精英种群

对比算法参数均按照相应的参考文献进行设置。算法在处理不同优化目标数时的种群规模如表 5-4 所示。由于不同算法对种群有不同的要求，为了公平对比，在不同的目标上设置不同的种群规模，并在相同的目标上尽可能地采用相近的种群规模，所有算法都将进行 30 万次函数评估，并独立运行 30 次。对于 MOEA/PT，交叉分布指数和多项式变异分布指数均为 20，最大变异概率为 0.1（n 为决策变量个数）。本研究采用 Wilcoxon 秩和检验对所得数据进行显著性测试。＋和-分别表示在相应测试问题上 MOEA/PT 显著优于或劣于该算法，如无则表示该算法与 MOEA/PT 相比无显著性差异，粗体表示在相应测试问题上该算法 IGD 均值最小。

对比算法的种群规模　　　　　表5-4

算法	4 个目标	5 个目标	6 个目标	8 个目标
MOEA/PT	220	210	180	160
MOEA/DD	220	210	182	—
NSGA-Ⅲ	220	210	182	—
NSGA-Ⅱ	—	—	—	160
GrEA	220	210	180	—

注：表中"—"表示由于该算法的特性不具备在相应目标上开展实验的条件，故未进行相应目标下的实验。

（4）MOEA/PT 算法各个功能模块的有效性验证

为了验证 MOEA/PT 算法中极值点搜索技术和基于动态最小距离的多样性保持机制这两个功能模块的有效性，设计了一组算法对比实验，将 MOEA/PT 算法与传统的快速

非支配排序算法（NSGA-Ⅱ）以及 MOEA/PT 算法的修改版本 MOEA/PT-1 算法在 8 个目标的 DTLZ 测试问题上进行了对比，其中 MOEA/PT-1 算法与 MOEA/PT 算法的唯一区别在于多样性保持策略上仍然采用了传统的拥挤度距离策略。对比结果如表 5-5 所示，不难发现 MOEA/PT 和 MOEA/PT-1 相对于 NSGA-Ⅱ 都取得了较小的 IGD 值，这说明两个算法都取得了很好的收敛效果，这证明极值点搜索技术对于算法的收敛性是有效的。值得注意的是，相对于 MOEA/PT-1 算法而言，MOEA/PT 算法在所有的测试问题上都取得了最优的 IGD 值，这说明基于动态最小距离的多样性保持机制能够有效地保持种群整体的多样性（表 5-5）。

8 个目标的算法对比结果　　　　　　　　　　　　表 5-5

测试问题	目标数	MOEA/PT	MOEA/PT-Ⅰ	NSGA-Ⅱ
DTLZ1	8	0.1377	0.1939	48.6018
DTLZ2	8	0.3633	0.4444	1.9791
DTLZ3	8	0.3709	0.4424	485.9812
DTLZ4	8	0.3921	0.5159	2.1941
DTLZ6	8	0.0040	0.0044	9.0290
DTLZ7	8	0.5807	0.7799	1.0053

（5）MOEA/PT 算法整体性能验证

为了验证 MOEA/PT 算法的整体性能，与 3 个当前主流的高维多目标优化算法进行比较，这些算法涵盖了基于非支配排序策略、基于格子支配的策略、基于非支配排序和分解混合的策略等，实验结果如表 5-6 所示。通过实验发现 MOEA/PT 在 10 个测试问题上取得了最优的 IGD 值，MOEA/DD 在 8 个测试问题上取得了最优的 IGD 值，NSGA-Ⅲ 在 3 个测试问题上取得了最优的 IGD 值。

MOEA/DD 作为一种基于分解框架并引入支配关系的高维多目标优化算法，具有良好的收敛性能。又由于 DTLZ1 问题的 PF 是在第一象限的一个完整的超平面，DTLZ2-DTLZ4 的 PF 都是位于第一象限的完整的超球面。MOEA/DD 事先设定的一组参考向量位均匀地分布在第一象限的超平面上，与 DTLZ1-DTLZ4 的 PF 形状相吻合。因此，MOEA/DD 在 DTLZ1-DTLZ4 上取得了较好的结果。虽然 MOEA/PT 可以通过极值点搜索和动态最小距离较好地保持种群的收敛性和多样性，但是在 DTLZ1-4 问题上所得解的均匀性不及 MOEA/DD。但是在 PF 形状不规则的问题上，因为 MOEA/DD 事先设定的参考向量不能够很好地吻合问题的 PF，所以 MOEA/PT 得到了较好的结果。在第二节中已经说明了 DTLZ5、DTLZ6 的 PF 是退化的，DTLZ7 的 PF 是不连续的，MOEA/PT 在不同目标数量的这类问题上均取得了最好的 IGD 值。另外对于 DTLZ1-DTLZ4 问题，虽然 MOEA/PT 没有都取得最好的结果，但是其指标值与最好的结果相差较小，这些结果都表明 MOEA/PT 在不同类型的问题上有更好的鲁棒性。

算法对比实验结果　　　　　　　　　　　　表 5-6

测试问题	目标数	MOEA/PT	NSGA-Ⅲ	MOEA/DD	GrEA
DTLZ1	4	0.0318	0.0323+	0.0321+	0.7754+
DTLZ2	4	0.0887	0.0874−	0.0874−	0.3771+
DTLZ3	4	0.0900	0.0881−	0.0874−	0.3696+
DTLZ4	4	0.0895	0.0874−	0.0874−	0.3777+
DTLZ5	4	0.0064	0.0277+	0.0656+	0.0439+
DTLZ6	4	0.0019	0.0907+	0.1164+	0.0409+
DTLZ7	4	0.1113	0.1565+	0.3223+	2.5115+
DTLZ1	5	0.0536	0.0519−	0.0520−	0.3676+
DTLZ2	5	0.1399	0.1332−	0.1332−	0.1462+
DTLZ3	5	0.1428	0.1341−	0.1333−	0.8510+
DTLZ4	5	0.1433	0.1331−	0.1332−	0.1440+
DTLZ5	5	0.0104	0.0955+	0.1238+	0.0317+
DTLZ6	5	0.0020	1.3645+	0.1622+	0.1652+
DTLZ7	5	0.2196	0.4116+	0.5519+	1.1518+
DTLZ1	6	0.0815	0.0755−	0.0680−	0.3625+
DTLZ2	6	0.2352	0.2315−	0.2314−	0.2543+
DTLZ3	6	0.2346	0.2346	0.2315−	0.9452+
DTLZ4	6	0.2457	0.2313−	0.2314−	0.2570+
DTLZ5	6	0.0149	0.1168+	0.1194+	0.1151+
DTLZ6	6	0.0023	2.9288+	0.2863+	0.9195+
DTLZ7	6	0.3331	0.6528+	0.9463+	0.4692+

（四）住房租赁行为引导多目标问题求解

1. 引导政策工具组合系统建模过程

基于前文搭建的住房租赁行为引导多目标数学模型，以及提出的 MOEA/PT 算法，本节在 MATLAB 建模平台中利用创新算法对该"8 工具-6 目标"模型进行求解，以期得出各个目标最大化情境下的政策工具强度组合。图 5-6 显示了工程问题求解的具体实现过程。

第一步：在大量相关研究的基础上，量化了各种政策工具的有效性。

第二步：将获得的 6 个住房租赁政策目标和 8 个政策工具输入 MATLAB 平台，构建 MOEA/PT 优化模型。

第三步：对模型进行求解，并建立非劣解集。

第四步：利用前文中构建的高水平公共政策数据库，对多个非劣解集的解进行比较，选择最优解（图 5-6）。

2. 实验参数设计

优化算法在引导政策组合设计的工程应用中包含 8 项目标，其中 6 项是前文中设计的具有现实意义的目标,另外两个目标是由约束函数转换而来。这是由于 MOEA/PT 算法存在一个自然约束,即决策变量的取值范围需要限制在 0~1。因此,本节使用映射关系将决策变量 $x_1, x_2, \cdots, x_8$ 转换为 $z_1(x_1), \cdots, z_8(x_8)$,然后可得满足建模条件的新的目标函数和约束函数如式(5-8)、式(5-9)所示。

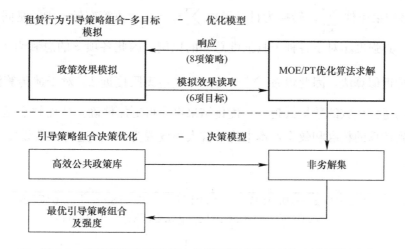

图 5-6　多目标优化下的住房租赁引导政策工具组合设计流程图

$$
\begin{aligned}
&z_1 = 8.7336x_1 - 0.2803 \quad z_2 = 9.2421x_2 - 0.6229 \\
&z_3 = 8.6957x_3 \quad\quad\quad\quad\quad z_4 = 4.6795x_4 - 1.1895 \\
&z_5 = 7.3746x_5 \quad\quad\quad\quad\quad z_6 = 7.5415x_6 \\
&z_7 = 13.0039x_7 \quad\quad\quad\quad z_8 = 6.6845x_8 - 0.0281
\end{aligned}
\tag{5-8}
$$

$$
\begin{cases}
\max g_1(z) = 0.1060z_1 + 0.0147z_2 + 0.0157z_3 + 0.0189z_4 + 0.0177z_5 + \\
\quad\quad\quad\quad 0.0156z_6 + 0.0101z_7 + 0.0178z_8 + 0.0064 \\
\max g_2(z) = 0.0146z_1 + 0.0128z_2 + 0.0151z_3 + 0.0221z_4 + 0.0171z_5 + \\
\quad\quad\quad\quad 0.0152z_6 + 0.0095z_7 + 0.0233z_8 + 0.0070 \\
\max g_3(z) = 0.0125z_1 + 0.0168z_2 + 0.0122z_3 + 0.0330z_4 + 0.0181z_5 + \\
\quad\quad\quad\quad 0.0086z_6 + 0.0081z_7 + 0.0255z_8 + 0.0100 \\
\max g_4(z) = 0.0196z_1 + 0.0174z_2 + 0.0176z_3 + 0.0378z_4 + 0.0224z_6 + \\
\quad\quad\quad\quad 0.0041z_7 + 0.0174z_8 + 0.0115 \\
\max g_5(z) = 0.0226z_1 + 0.0115z_2 + 0.0165z_3 + 0.0410z_4 + 0.0028z_5 + \\
\quad\quad\quad\quad 0.0247z_6 + 0.0037z_7 + 0.0158z_8 + 0.0120 \\
\max g_6(z) = 0.0157z_1 + 0.0029z_2 + 0.0217z_3 + 0.0058z_4 + 0.0150z_5 + \\
\quad\quad\quad\quad 0.0082z_6 + 0.0048z_7 + 0.0577z_8 + 0.0024 \\
s.t. \ 0 \leqslant z_i \leqslant 1, i = 1, \cdots, 8
\end{cases}
\tag{5-9}
$$

由于 MOEA/PT 方法在解决多目标优化问题中的最小化问题上优于最大化问题，因此将引导政策工具组合优化问题从最大化转化为最小化，为此需要将约束转化为新的目标，具体的转变如式（5-10）：①将约束 $\sum_{i=1}^{8} z_i \leqslant 1$ 转化为目标 7 和目标 8，其理想值无限接近 1。②将约束条件 $\sum_{i=1}^{8} z_i$ 转换为目标函数 $\sum_{i=1}^{8} z_i = 1$。决策变量 z 指的是同一政策组合中某一政策工具强度相对于各种工具强度总和的比例，因此各项 z 的总和为 1。启发式搜索算法是一种近似算法，因此设置 $\sum_{i=1}^{8} z_i$ 的值在左边无限接近 1。对于遗传算法来说，种群规模越大则遗传代数的数量就越多，优化结果也变得更加精确，然而缺点是增加了计算成本。考虑到计算的精度和效率，本书将种群大小设置为 300，遗传代数设置为 2000，进行进化模拟。

$$\begin{cases} \min h_1(z) = \dfrac{1}{(0.0160z_1 + 0.0147z_2 + 0.0157z_3 + 0.0189z_4 + 0.0177z_5 + 0.0156z_6 + 0.0101z_7 + 0.0178z_8 + 0.0064)} \\[6pt]
\min h_2(z) = \dfrac{1}{(0.0146z_1 + 0.0128z_2 + 0.0151z_3 + 0.0221z_4 + 0.0171z_5 + 0.0152z_6 + 0.0095z_7 + 0.0233z_8 + 0.0070)} \\[6pt]
\min h_3(z) = \dfrac{1}{(0.0125z_1 + 0.0168z_2 + 0.0122z_3 + 0.0330z_4 + 0.0181z_5 + 0.0086z_6 + 0.0081z_7 + 0.0255z_8 + 0.0100)} \\[6pt]
\min h_4(z) = \dfrac{1}{(0.0196z_1 + 0.0174z_2 + 0.0176z_3 + 0.0378z_4 + 0.0224z_6 + 0.0041z_7 + 0.0174z_8 + 0.0115)} \\[6pt]
\min h_5(z) = \dfrac{1}{(0.0226z_1 + 0.0115z_2 + 0.0165z_3 + 0.0410z_4 + 0.0028z_5 + 0.0247z_6 + 0.0037z_7 + 0.0158z_8 + 0.0120)} \\[6pt]
\min h_6(z) = \dfrac{1}{(0.0157z_1 + 0.0029z_2 + 0.0217z_3 + 0.0058z_4 + 0.0150z_5 + 0.0082z_6 + 0.0048z_7 + 0.0577z_8 + 0.0024)} \\[6pt]
\min h_7(z) = 0.1145z_1 + 0.1082z_2 + 0.115z_3 + 0.2137z_4 + 0.1356z_5 + 0.1326z_6 + 0.0769z_7 + 0.1496z_8 + |\,0.6421 - 0.1145z_1 - 0.1082z_2 - 0.115z_3 - 0.2137z_4 - 0.1356z_5 - 0.1326z_6 - 0.0769z_7 - 0.1496z_8\,| \\[6pt]
\min h_8(z) = |\,0.6421 - 0.1145z_1 - 0.1082z_2 - 0.115z_3 - 0.2137z_4 - 0.1356z_5 - 0.1326z_6 - 0.0769z_7 - 0.1496z_8\,| \end{cases}$$

(5-10)

$$s.t.\ 0 \leqslant z_i \leqslant 1, i = 1, \cdots\cdots, 8$$

3. 算法有效性验证

本小节对 MOEA/PT 算法进行了验证，发现所有目标都相对收敛。例如，图 5-7(a) 为目标 7 的收敛曲线，图 5-7(b) 为目标 8 的收敛曲线，均说明 MOEA/PT 算法是有效的。为了计算的简便性，使用了约束条件下的平均值，$h8(z)$ 解的目标值大于 0，平均值在每 20 代发生变化。因而结果表明，该算法是有效的。

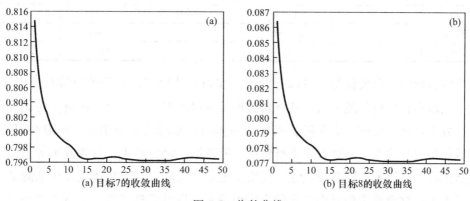

图 5-7　收敛曲线

4. 可行解及结果评价

表 5-7 展示了利用本书提出的 MOEA/PT 算法求解的住房租赁引导政策工具组合解决方案，300 个种群中只有 6 个解集是可行的。本书又计算了这 6 个可行解的标准差，以将其与类似政策的政策工具组合强度分布相比较。本小节将偏离均值两个或三个标准差的解定义为异常值，在剔除异常值后，对生成的 6 个解集求平均值，得到一个包含 8 个变量的综合最优解集。然后，将综合最优解集的 6 个目标函数值与上述 6 个可行解集进行比较，发现综合集效果更好。

六组政策工具可行解和相应政策目标值　　　　表 5-7

Set I		Set II		Set III	
可行解	目标值	可行解	目标值	可行解	目标值
0.131207	0.115761	0.138141	0.116348	0.111234	0.114430
0.153830	0.120147	0.145221	0.121255	0.170728	0.117843
0.089059	0.140290	0.097552	0.137116	0.099270	0.141467
0.346381	0.141838	0.322239	0.149410	0.420102	0.148824
0.096655	0.142134	0.056917	0.149847	0.057224	0.147995
0.019237	0.112694	0.072700	0.120441	0.004589	0.090563
0.022509		0.008719		0.056808	
0.132494		0.153244		0.078936	

续表

Set IV		Set V		Set VI	
可行解	目标值	可行解	目标值	可行解	目标值
0.129602	0.114521	0.105031	0.114740	0.094218	0.115343
0.161511	0.118049	0.170296	0.118111	0.164261	0.120571
0.101704	0.136390	0.092475	0.141880	0.109710	0.137214
0.390852	0.157577	0.404497	0.143348	0.346082	0.154292
0.016412	0.157577	0.095708	0.143017	0.010150	0.151929
0.073491	0.095901	0.002868	0.092788	0.085832	0.113736
0.031175		0.043623		0.038055	
0.092480		0.082751		0.148990	

本节所得到的综合最优解集可以帮助中央和地方政府制定有效的租赁行为引导政策。我国大中城市拥有大量的流入人口和强劲的租赁住房需求，一方面，租赁住房供应稳步增长，另一方面，政府应该建立保障性租赁住房体系，厘清其中公租房、保障性租赁住房、市场租赁住房交互关系。具体政策支持包括土地政策、财政政策、税收政策等方面，土地政策包括供应"只租不卖"建设用地、探索土地年租制度、利用集体建设用地降低租赁住房建设成本等；财政政策包括向专业的房屋租赁企业提供低息贷款、发行专项债券、推进REITs（房地产投资信托）以降低出租房屋的运营成本；税收政策包括合理减免建设、经营等各环节的财产税、营业税以及其他相关税收（表5-8）。

综合最优政策工具组合和相应目标值　　　　表5-8

	X_1	X_2	X_3	X_4	X_5	X_6	X_7	X_8
均值	0.11824	0.16098	0.09830	0.37169	0.05551	0.04312	0.03348	0.11482
标准差	0.01578	0.00906	0.00662	0.03542	0.03391	0.03487	0.01531	0.03102
误差小于δ的解的个数	4	3	4	4	2	3	4	2

综合最优解集和目标值

	X_1	X_2	X_3	X_4	X_5	X_6	X_7	X_8
solution set	0.11927	0.15987	0.09775	0.37195	0.05707	0.05514	0.03384	0.11249
	Obj_1	Obj_2	Obj_3	Obj_4	Obj_5	Obj_6		
objective values	0.11652	0.12054	0.13961	0.15096	0.15085	0.10441		

（五）城市青年群体住房租赁消费的政策引导与建议

在前文行为机理、政策评价、协同政策设计三大块递进性研究的基础之上，本章节为有效引导青年群体进行住房租赁消费提出以下有针对性的建议。

（1）优化金融、财税政策，因城施策扶持规模化、专业化租赁企业。一是通过政策性银行、地方性银行提供的长期低息贷款等信贷优惠，降低租赁企业资金成；二是制定房地产投资信托基金运行细则，便于租赁企业REITs产品；三是调整增值税、房产税、印花税、水利基金、城建和教育附加税等租赁企业缴纳的相关税费项目及比率，其中房产税可比照"企事业单位、社会团体以及其他组织按市场价格向个人出租用于居住的住房"，由12%减按4%，增值税由非不动产租赁税率11%调整至服务业税率6%；四是因城施策，鼓励人口净流入量较大的城市，在规范住房租赁市场秩序的同时，不断扩大、优化住房租赁市场供给，加快激发、释放住房租赁需求；鼓励其他人口流动平稳、较少的城市，在规范住房租赁市场秩序的基础上，积极引导住房租赁的合理消费[207]。

（2）弱化住房投资属性，引导青年群体形成梯度消费观念。一是积极探索房产税制度，加快研究针对拥有多套空置住房并未出租的群体优先征收房产税的政策可行性，增加个人住房持有成本；二是遏制房价大幅、快速上涨，提高二手住房转让的综合税率，延长住房上市交易时间，从而降低投资的收益预期、打击住房投机行为；三是通过制定经济激励、示范引导、消费观念普及等各类政策，倡导青年群体根据自身实际情况合理进行住房保有权的消费选择，建立"住房不炒，居住为本"的住房消费观。

（3）搭建住房租赁信息平台，有效破除信息壁垒。一是建立以政府现有的房地产交易、住房保障、不动产登记数据平台为核心，与公安、民政、公积金、社保、教育、金融等政府部门互联互通的住房租赁交易数据平台，切实解决租赁过程中的信息不对称、不全面问题，提高搜寻效率；二是充分利用租赁平台积累的历史数据，建立住房租赁市场预警指标体系，有利于政府实时把控市场秩序、预见可能的市场风险、引导市场健康发展；三是建设包含各类市场主体的诚信体系，依据交易过程中违规行为的实时记录，通过诚信档案信用评级调整租赁住房押金金额，与其他部分共同形成守信激励和失信惩戒联合机制。

（4）基于群体特征的靶向引导。由前文住房租赁群体特征分析可得，性别指标方面，不同性别几乎无差异，男性租赁住房倾向略强；年龄指标方面，户主或家庭平均年龄更小的群体倾向于租赁住房；收入指标方面，家庭收入较低的群体更倾向于租赁住房；学历指标方面，本科以上高学历人群更倾向于租房；传统价值观感染程度方面，低传统文化影响群体更倾向于租房；户口类型方面，外地户口人群更倾向于租房；家庭规模方面，小规模家庭更倾向于租房；工作单位性质方面，私有性质单位从业群体更倾向于租房。因此，在分阶段、分类别引导政策下，应对此类住房租赁重点群体的消费进行靶向引导，促使其意愿转换为租赁住房消费的实际行为，具体而言，可以利用分类信息投送模式，将住房租赁优惠政策、住房租赁消费方式优势等有效信息公布于此类群体中，引发相关个体对住房租赁的关注，消除其刻板印象。进一步地，在社群影响作用下，住房租赁行为可从微观个体选择演变为宏观群体涌现，实现有效引导。

（六）小结

本章节将协同政策设计过程抽象为高维多目标优化问题，以8项具体政策工具作为决策变量，6项政策目标作为目标变量，构建了符合实际的住房租赁引导政策组合多目标函数。为解决协同政策设计过程中高维多目标函数的求解问题，提出了一种基于Pareto支配关系的两阶段进化高维多目标优化算法，进而利用MATLAB建模得出租赁引导政策集中各项工具的最优强度。最后，根据最优化的住房租赁引导政策组合，提出了具有实际意义的行为引导政策建议。

六、研究结论

（一）研究结论

（1）住房租赁行为关键影响因素确定。结合公众关于租赁政策和住房租赁市场相关话题的意见挖掘，以及前一章中构建的"研究文献—影响因素—研究对象"共现网络中，通过网络指标分析得出的住房租赁消费关键影响因素，对相关结论进行梳理和归纳，得出初步的住房租赁行为影响因素相关变量为感知风险变量、制度因素变量、社群影响变量、人口统计学变量。感知风险体现在个体对于做出租赁行为后主观感受的不确定性，以及当租赁住房存在的负面效应发生时，其会对个体产生危害性。制度因素体现在公众对于住房租赁相关引导政策能够切实执行的信念。社群影响体现在个体感知其社会人际网络中的朋友、师长、家庭等主体对租赁住房的态度、看法，以及社会整体意见倾向、政府宣传导向、产业发展状况。

（2）实证检验后的住房租赁行为驱动机理。经过理论模型构建和以西安为例的实证检验，建立了城市青年群体住房租赁行为驱动机理模型，包含效能感知、感知易用、社群影响、制度因素、感知风险、行为意愿、实际行为7个潜变量，以及性别、年龄、收入、学历、户口类型、家庭规模、工作单位性质、传统价值观感染程度8个调节变量，具体而言：①效能感知、感知易用、社群影响、制度因素对租赁行为意愿具有显著正向影响，感知风险对租赁行为意愿具有显著负向影响，且效能感知因素影响最大、路径系数为0.269，社群影响因素影响最小、路径系数为0.15。②制度因素、行为意愿对实际租赁行为具有显著正向影响，且行为意愿的影响大于制度因素。③制度因素对社群影响具有显著正向影响，且其效应程度在模型中各个因子间影响关系强度中排名第一。④效能感知、感知易用、制度因素通过租赁行为意愿间接正向影响租赁实际行为，感知风险通过租赁行为意愿间接负向影响租赁实际行为，"制度因素→社群影响→行为意愿→实际行为"也存在显著的中介效应。⑤性别显著调节感知易用、社群影响、感知风险对行为意愿的影响路径，年龄显著调节效能感知、感知易用、感知风险对行为意愿的影响路径，收入显著调节效能感知、社群影响、制度因素、感知风险对行为意愿的影响路径，学历显著调节效能感知对行为意愿的影响路径，传统价值观感染程度显著调节社群影响、制度因素、感知风险对行为意愿的影响路径，户口类型显著调节感知易用、社群影响、感知风险对行为意愿的影响路径，家庭规模显著调节效能感知、制度因素对行为意愿的影响路径，工作单位性质显著调节效能感知、感知易用、感知风险对行为意愿的影响路径。

（3）住房租赁政策网络耦合关系及总体评价。经过"政策工具—政策目标—施策主体—利益相关者"网络节点对应分析后可得，在四维网络互动中，利益相关者×政策工具的相关性最强，存在3个空间距离分割明显的聚类：同级政府内部不同职能部门之间以及上下级政府之间一般采用强制等级最高的命令型政策工具；对于住房租赁行业协会、承租人互助组织等公民社会主体，一般采用自愿型政策工具；市场主体和公众在经济激励型政策工具和引导型政策工具上存在重叠。利用网络密度、中介中心性等指标分别测度四维子网络的整体特征和分阶段演化差异性特征：政策工具网络中指示指导、引导供给、管理制度、管理体制改革4项政策工具属于网络中的主导者；政策目标网络中占据绝对中心地位的节点是增加租赁住房有效供应；施策主体网络中的中心节点为住房和城乡建设部门和自然资源部门；利益相关者网络中市场主体群体和公众群体为整体网络的中心集群。

（4）住房租赁政策演化特征。根据试点城市相关政策样本数量在时间序列上的分布，将其划分为2015年以前、2016年、2017年、2018年、2019—2020年5个时间阶段，分阶段演化差异性特征：①政策工具网络，中心节点的变迁路径为法律法规→信息平台→引导供给→指示指导→信息发布。②政策目标网络，中心节点的变迁路径为增加租赁住房有效供应→加快培育租赁市场（两阶段）→规范租赁市场秩序。③施策主体网络，中心节点的变迁路径为一级地方住房和城乡建设部门（两阶段）→一级地方发改部门→一级地方住房和城乡建设部门→一级地方住房和城乡建设部门。④利益相关者网络，中心节点的变迁路径为承租人→一级地方人民政府→房地产经纪企业→二级地方住房和城乡建设部门→个人出租人。

（5）住房租赁引导政策供需不匹配之处。一是缺乏住房租赁相关法律法规工具。在政策实际供给评价中发现，主管部门虽也对住房租赁法律不健全具有一致性认知，但关于针对承租方保护、租赁机构监管、交易行为审查、房屋维护责任归属等住房租赁全周期环节的具体行为节点，还未形成具有系统性、严密性、可操作的法律体系。二是住房租赁消费观念正面宣传引导强度不足。虽然针对需求方的引导型政策工具在政策网络中为中心性较强节点，但通过对实际政策文本分析发现，舆论引导并没有切实的实现机制。此外，从微博文本挖掘可得，公众对于政策宣传引导行为的关注度不高，可见宣传引导政策的作用效果和作用对象认同度较小。三是租金价格管控机制缺位。政策需求侧在感知易用、制度因素量化中都有涉及租金水平，且挖掘出承租群体对于租金不应连续上涨及租金协商时承租、出租双方应具有同等话语地位等存在一致性观点。而在政策供给中，还未提出针对性的措施以防止租金大幅波动及维持公平租金。四是缺乏市场交易秩序维护手段。住房租赁市场中承租双方之间、房屋中介与委托人之间由于信息不对称，导致出租人、房屋中介在交易过程中拥有较强的谈判能力，不仅易于获得高于租赁住房本身价值的收益，且普遍存在不规范行为。租赁住房的选择与交易中，由于缺乏信息全面、真实、准确、合法的交易平台，造成承租方寻找房源成本高昂、出租房长时间空置房源的市场失灵问题。

（6）提出了一种两阶段进化高维多目标优化算法 MOEA/PT。针对现有算法难以较好地解决具有不规则 PF 的高维多目标优化问题，而实际工程问题中这类问题广泛存在，本书提出了一种基于 Pareto 支配关系的两阶段进化高维多目标优化算法 MOEA/PT。通过第一阶段的极值点搜索技术缩小了目标搜索空间，提升了算法的收敛压力，在算法的第二阶段通过 Pareto 非支配关系以及动态最小距离的多样性度量政策获得一组在 Pareto 前沿上均匀分布的精英解。在实验部分，首先通过对比验证了算法各个模块的有效性。然后通过与其他最新高维多目标优化算法的对比，表明了 MOEA/PT 在 PF 形状不规则的问题上性能显著地优于其他算法，而在 PF 形状规则的问题上也取得了较好的结果，因此 MOEA/PT 在能够很好地解决 PF 形状不规则问题的同时具有较好的鲁棒性。

（7）引导城镇青年群体租赁行为的协同政策。基于住房租赁引导政策多目标问题，结合 MOEA/PT 算法在最小化问题上优于最大化问题的特点，对协同政策设计的实践问题进行系统建模，最终在 300 个种群中得出 6 个可行解集，并综合其结果得到唯一综合最优解集。其中，鼓励宣传类、财政支持类政策工具的有效性最高，税费优惠类、政务服务类、法律法规类政策工具的有效性次之，教育培训类、目标规划类、金融手段类政策工具位于最后梯队，且上述 8 类政策工具协同作用对青年群体住房租赁行为的引导效果最佳。

（二）主要创新点

（1）挖掘出了城市青年群体住房租赁行为关键影响因素，并构建了住房租赁行为驱动机理。通过深度访谈和无干扰采样建立城市青年群体住房租赁消费行为质性资料库，利用扎根分析通过三级编码挖掘出影响住房租赁行为的主要范畴、子范畴归属及范畴间关系。进而，借鉴计划行为领域经典理论框架，建立包含感知易用、效能感知、社群影响、制度因素、感知风险、住房租赁消费意愿、住房租赁实际消费行为 7 个潜变量和性别、年龄、收入、学历、户口类型、家庭规模、工作单位性质、传统价值观感染程度 8 个调节变量的住房租赁行为驱动机理模型，为剖析住房租赁消费行为的驱动机理提供了全新的视角、模型、路径和方法，为住房租赁消费行为研究领域提供了新的借鉴。

（2）基于复杂网络理论建立了住房租赁引导政策供需匹配评价模型，拓展了政策评价及政策匹配的研究视角。依据政策文本计量理论搭建"政策工具-政策目标-施策主体-利益相关者"四维政策供给网络，基于驱动城市青年群体租赁行为的关键因素及机理研究结果识别出政策需求节点，进而利用复杂网络测度指标将供需节点匹配判别为供给缺失、供给不足、供给完全三种情况，为住房租赁政策匹配分析提供了新的研究视角。此外，通过两两子网络模型间的聚类分析、交互分析，探寻了不同属性政策网络间的耦合关系；并通过关键节点、主要聚类等政策网络模型指标挖掘出住房租赁政策供给特征及五阶段演化机制,丰富了住房租赁政策评价模型。

(3) 构建了基于多目标优化思想的城市青年群体住房租赁协同引导政策定量设计模型。以税费调整、财政支持、法律法规等8项政策工具使用强度为决策变量,以住房租赁消费社会氛围提升、专业化供给增加、市场效率提高为目标变量,构建租赁行为引导政策多目标函数。基于现有算法在求解效率和收敛压力方面的缺陷,提出基于Pareto支配关系的两阶段进化高维多目标优化算法。综合多目标函数和优化算法,从政策工具使用强度分配与组合的视角下,为协同政策组合设计研究提供了新的思路。

(三) 研究局限与展望

本文在进行理论建模和实证检验时,力求方法选用得当,因素考虑全面,但仍存在不足和缺陷,需要在今后的研究工作中继续探索和优化,具体总结如下:

(1) 影响因素选取和理论模型构建的局限性。住房消费行为是一个较为复杂的行为系统,其研究主体为城市青年群体,个体的行为受到多种因素的影响和作用,且不同时期的关键因素也会产生变化。本书综合相关权威文献观点和基于观点挖掘的质性分析,探究了住房租赁行为关键影响因素,并依据计划行为系列理论搭建了租赁行为驱动机理模型。虽然实证检验过程中预调研和实际调研数据均通过检验,也一定程度上证明了本书提出的因素间关系的合理性,但仍不能保障所选择的因素为最为关键的影响因素。在后续研究中,一方面,由于住房租赁市场不断发展,实际情景不断变化,可以扩大机理理论模型所涵盖的影响因素范围;另一方面,可基于认知神经科学相关理论方法,利用脑电、眼动等实验方法,消除个体内隐干扰,探究因素的作用程度。

(2) 实证调查存在局限。本书中行为机理实证部分涉及问卷调查工作,考虑到调查的可行性和可控性,以选择西安作为调研地点,发放问卷500份,实际有效问卷为437份。西安作为国家中心城市,近年来经济发展较快、人口增长迅速,住房租赁市场持续发展,能够较好地代表城市青年群体的样本情况,且回收的样本数据满足信效度等质量检验指标。然而,西安作为抽样地点不足以全面反映全国城市青年群体住房租赁行为的现状与影响机制,且不能按照城市水平进行一、二、三线的划分,后续研究中可以扩大调查地点,尽可能多地选取代表性城市,增加样本量。

(3) 展开引导政策的动态研究。本研究是就某一时间节点采集的数据,并据此进行引导政策设计。然而城市青年群体个体行为、态度随时间会产生变化,未来的研究中可以开展动态追踪研究,以半年或一年为区间,对同一批样本进行回访数据收集,刻画其行为变动足迹和政策响应变迁。扩大、更新引导政策设计情景,对不同群体进行分类干预,以提升研究的时效性。

参 考 文 献

[1] Goodman LS, Mayer C. Homeownership and the American Dream [J]. Journal of Economic Perspectives, 2018, 32 (1): 31-58.

[2] 严荣. 住房租赁体系：价值要素与"三元困境" [J]. 华东师范大学学报（哲学社会科学版），2020，52（3）：160-168＋184.

[3] 孟宪春，张屹山，李天宇. 有效调控房地产市场的最优宏观审慎政策与经济"脱虚向实" [J]. 中国工业经济，2018（6）：81-97.

[4] 湛东升，虞晓芬，吴倩倩，等. 中国租赁住房发展的区域差异与影响因素 [J]. 地理科学，2020，40（12）：1990-1999.

[5] 李玲燕，陈诗祺. 培育与发展住房租赁市场的政策结构剖析——基于政策工具与产业链双视角 [J]. 福建论坛（人文社会科学版），2018（8）：28-37.

[6] Ajzen, I. The theory of planned behavior [J]. Organizational Behavior and Human Decision Processes, 1991, 50: 179-211.

[7] Taneja A, Fiore V, Fischer B. Cyber-slacking in the classroom: Potential for digital distraction in the new age [J]. Computers and Education, 2015, 82: 141-151.

[8] Fishbein M, Ajzen I. Belief, attitude, intention and behavior: An introduction to theory and research [M]. Addison-Wesley, Reading, MA, 1975.

[9] Davis FD. Perceived usefulness, perceived ease of use, and user acceptance of information technology [J]. MIS Quarterly, 1989, 13 (3): 319-339.

[10] Goodhue DL, Thompson RL. Task-technology fit and individual performance [J]. Mis Quarterly, 1995, 19 (2): 213-236.

[11] Li Y, Li X, Zhang ZL, et al. Understanding consumers online furniture purchase behavior: an updated UTAUT perspective [J]. Journal of Forest Economics, 2020, 35 (4): 267-303.

[12] He K, Zhang JB, Zeng YM. Households' willingness to pay for energy utilization of crop straw in rural China: Based on an improved UTAUT model [J]. Energy Policy, 2020, 140: 111373.

[13] Sun W, Dedahanov AT, Shin HY, et al. Extending UTAUT theory to compare south Korean and Chinese institutional investors' investment decision behavior in Cambodia: A risk and asset model [J]. Symmetry-Basel, 2020, 11 (12): 1524.

[14] Li YZ, He TL, Song YR, et al. Factors impacting donors' intention to donate to

charitable crowd-funding projects in China: a UTAUT-based model [J]. Information Communication and Society, 2018, 21 (3): 404-415.

[15] Schaupp LC, Carter L, Mcbride ME. E-file adoption: A study of U. S. tax payers' intentions [J]. Computers in Human Behavior, 2010, 26 (4): 636-644.

[16] Gong X, Mi JN, Yang RT, et al. Chinese national air protection policy development: A policy network theory analysis [J]. International Journal of Environmental Research and Public Health, 2018, 15 (10): 2257.

[17] Saidi T, Salie F, Douglas TS. Towards understanding the drivers of policy change: A case study of infection control policies for multi-drug resistant tuberculosis in South Africa [J]. Health Research Policy and Systems, 2017, 15: 41.

[18] Bornmann L, Haunschild R, Marx W. Policy documents as sources for measuring societal impact: How often is climate change research mentioned in policy-related documents? [J]. Scientometrics, 2016, 109 (3): 1477-1495.

[19] Vilkins S, Grant WJ. Types of evidence cited in Australian government publications [J]. Scientometrics, 2017, 113 (3): 1681-1695.

[20] Laver M, Benoit K, Garry, J. Extracting policy positions from political texts using words as data [J]. American Political Science Review, 2003, 97 (2): 311-331.

[21] Chowdhury G, Koya K. Information practices for sustainability: Role of iSchools in achieving the UN sustainable development goals (SDGs) [J]. Journal of the Association for Information Science and Technology, 2017, 68 (9): 2128-2138.

[22] Bhatia A. Critical discourse analysis of political press conferences [J]. Discourse and Society, 2006, 17 (2): 173-203.

[23] Huang C, Su J, Xie X, et al. Basic research is overshadowed by applied research in China: A policy perspective [J]. Scientometrics, 2014, 99 (3): 689-694.

[24] Edwards-Schachter M, Wallace ML. 'Shaken, but not stirred': Sixty years of defining social innovation [J]. Technological Forecasting and Social Change, 2017, 119: 64-79.

[25] Li BD, Li JL, Tang K, et al. Many-objective evolutionary algorithms: A survey [J]. ACM Computing Surveys, 2015, 48 (1): 13.

[26] Ojha M, Singh KP, Chakraborty P, et al. A review of multi-objective optimisation and decision making using evolutionary algorithms [J]. International Journal of Bio-Inspired Computation, 2019, 14 (2): 69-84.

[27] Adra S, Fleming P. Diversity management in evolutionary many-objective optimization [J]. IEEE Transactions on Evolutionary Computation, 2011, 15 (2): 183-195.

[28] He ZN, Yen GG. Ranking many-objective evolutionary algorithms using performance metrics ensemble [C]. Proceedings of the 2013 IEEE Congress on Evolutionary Computation, Cancun, Jun 20-23, 2013. Piscataway: IEEE, 2013: 2480-2487.

[29] Laumanns M, Thiele L, Deb K, et al. Combining convergence and diversity in evolutionary multiobjective optimization [J]. Evolutionary Computation, 2002, 10 (3): 263-282.

[30] Zou XF, Chen Y, Liu MZ, et al. A new evolutionary algorithm for solving many-objective optimization problems [J]. IEEE Transactions on Systems, Man, and Cybernetics: Part B Cybernetics, 2008, 38 (5): 1402-1412.

[31] Wang GP, Jiang HW. Fuzzy-dominance and its application in evolutionary many objective optimization [C]. Proceedings of the 2007 International Conference on Computational Intelligence and Security Workshops, Harbin, Dec 15-19, 2007. Washington: IEEE Computer Society, 2007: 195-198.

[32] Li H, Zhang QF. Multiobjective optimization problems with complicated Pareto sets, MOEA/D and NSGA-II [J]. IEEE Transactions on Evolutionary Computation, 2009, 13 (2): 284-302.

[33] Lersch PM, Luijkx R. Intergenerational transmission of homeownership in Europe: Revisiting the socialisation hypothesis [J]. Social Science Research, 2015, 49: 327-342.

[34] Shelton JP. The cost of renting versus owning a home [J]. Land Economics, 1968, 44 (1): 59-72.

[35] Henderson JV, Ioannides YM. A model of housing tenure choice [J]. The American Economic Review, 1983, 73 (1): 98-113.

[36] Henderson JV, Ioannides YM. Tenure choice and the demand for housing [J]. Economica, 1985, 53 (210): 231-246.

[37] Henderson JV, Ioannides YM. Owner occupancy: investment vs consumption demand [J]. Journal of Urban Economics, 1987, 21 (2): 228-241.

[38] Henderson JV, Ioannides YM. Dynamic aspects of consumer decisions in housing markets [J]. Journal of Urban Economics, 1989, 26 (2): 212-230.

[39] Plaut SE. The timing of housing tenure transition [J]. Journal of Urban Econom-

ics，1987，21（3）：312-322.

[40] Chevan A. Age, housing choice, and neighborhood age structure [J]. American Journal of Sociology，1982，87（5）：1133-1149.

[41] Mayer CJ, Engelhardt GV. Gifts, Down payments, and housing affordability [J]. Journal of Housing Research，1996，7（1）：59-77.

[42] Jones LD. Testing the central prediction of housing tenure transition models [J]. Journal of Urban Economics，1995，38（1）：50-73.

[43] Clark WAV, Deurloo MC. Tenure changes in the context of micro-level family and macro-level economic shifts [J]. Urban Studies，1994，31（1）：137-154.

[44] Deurloo MC, Clark WAV, Dieleman FM. The move to housing ownership in temporal and regional contexts [J]. Environment and Planning A，1994，26（11）：1659-1670.

[45] Rudel TK. Housing price inflation, family growth, and the move from rented to owner occupied housing [J]. Urban Studies，1987，24（4）：258-267.

[46] Csizmady A, Hegedus J, Nagy G. The effect of GFC on tenure choice in a post-socialist country - the case of Hungary [J]. European Journal of Housing Policy，2017，17（3）：1-27.

[47] Tsharakyan A, Zemcik P. Did rent deregulation alter tenure choice decisions in the Czech Republic? [J]. Economics of Transition，2016，24（2）：335-360.

[48] Jewkes MD. Weaknesses of housing affordability indices used by practitioners [J]. Social Science Electronic Publishing，2010，21（1）：43.

[49] Lau KM, Li SM. Commercial housing affordability in Beijing, 1992-2002 [J]. Habitat International，2006，30（3）：614-627.

[50] Murphy PE, Staples WA. A modernized family life cycle [J]. Journal of Consumer Research，1979，6（1）：12-22.

[51] Boehm TP, Schlottmann AM. Does home ownership by parents have an economic impact on their children? [J]. Journal of Housing Economics，1999，8（3）：217-232.

[52] Haurin DR, Morrow-Jones HA. The impact of real Estate Market knowledge on tenure choice: A comparison of black and white households [J]. Housing Policy Debate，2006，17（4）：625-653.

[53] Ben-Shahar D. Tenure choice in the housing market: Psychological versus economic factors [J]. Environment and Behavior，2007，39（6）：841-858.

[54] Andersen, Skifter H. Motives for tenure choice during the life cycle: The importance of non-economic factors and other housing preferences [J]. Housing, Theory and Society, 2011, 28 (2): 183-207.

[55] Cohen T, Lindblad M, Paik JG, et al. Renting to owning: An exploration of the theory of planned behavior in the homeownership domain [J]. Basic and Applied Social Psychology, 2009, 31 (4): 376-389.

[56] Nygaard C. International migration, housing demand and access to homeownership in the UK [J]. Urban Studies, 2011, 48 (11): 2211-2229.

[57] Yates JF, Oliveira SD. Culture and decision-making [J]. Organizational Behavior and Human Decision Processes, 2016, 136: 106-118.

[58] 宋全成,张倩. 社会融入因素对流动人口未来置房选择的影响——基于2014年全国流动人口动态监测调查数据的实证分析 [J]. 山东社会科学, 2017 (9): 70-76.

[59] 杨永春,谭一洺,黄幸,等. 基于文化价值观的中国城市居民住房选择——以成都市为例 [J]. 地理学报, 2012, 67 (6): 841-852.

[60] 李平光,李松,王鑫,等. 乌鲁木齐市居民住房选择行为及其影响因素分析——基于1983份问卷的调查 [J]. 干旱区资源与环境, 2015, 29 (3): 57-63.

[61] Enstrom-Ost C, Soderberg B, Wilhelmsson M. Homeownership rates of financially constrained households [J]. Journal of European Real Estate Research, 2017, 10 (2): 111-123.

[62] Moriizumi Y, Naoi M. Unemployment risk and the timing of homeownership in Japan [J]. Regional Science and Urban Economics, 2011, 41 (3): 227-235.

[63] Li SM, Li L. Life course and housing tenure change in urban china: A study of Guangzhou [J]. Housing Studies, 2006, 21 (5): 653-670.

[64] Ortalo-Magne F, Rady S. Tenure choice and the riskiness of non-housing consumption [J]. Journal of Housing Economics, 2002, 11 (3): 266-279.

[65] Kan K. Dynamic modeling of housing tenure choice [J]. Journal of Urban Economics, 2000, 48 (1): 46-69.

[66] Ioannides Y, Kan K. Structural estimation of residential mobility and housing tenure choice [J]. Journal of Regional Science, 2010, 36 (3): 335-363.

[67] 王振坡,郐曼,王丽艳. 住房消费需求、投资需求与租买选择差异研究 [J]. 上海经济研究, 2017 (8): 10-20.

[68] 王营营,王振坡,范晓莉. 基于贝叶斯网络的城市居民住房需求偏好研究——以天津市为例 [J]. 城市发展研究, 2017, 24 (4): 100-110.

[69] 张务伟, 张可成. 农民工城市买房行为选择研究 [J]. 经济经纬, 2017, 34 (3): 25-30.

[70] 赵晓莉, 吴晓燕, 周京奎. 房产税影响居民住房消费选择吗?——基于美国调查数据的实证研究 [J]. 财贸研究, 2012, 23 (6): 71-82.

[71] Lee CC, Ho YM, Chiu HY. Role of personal conditions, housing properties, private loans, and housing tenure choice [J]. Habitat International, 2016, 53: 301-311.

[72] Barrios VE, Colom MC, Moles MC. Life cycle and housing decisions: A comparison by age cohorts [J]. Applied Economics, 2013, 45 (32): 4556-4568.

[73] Chen G. The heterogeneity of housing-tenure choice in urban China: A case study based in Guangzhou [J]. Urban Studies, 2016, 53 (5): 957-977.

[74] Painter G, Gabriel S, Myers D. Race, immigrant status, and housing tenure choice [J]. Journal of Urban Economics, 2001, 49 (1): 150-167.

[75] Logan AJR. Assimilation and stratification in the homeownership patterns of racial and ethnic groups [J]. International Migration Review, 1992, 26 (4): 1314-1341.

[76] Bourassa SC. A model of housing tenure choice in Australia [J]. Journal of Urban Economics, 2005, 37 (2): 161-175.

[77] Kauppinen TM, Andersen HS, Hedman L. Determinants of immigrants' entry to homeownership in three Nordic capital city regions [J]. Geografiska Annaler Series B-Human Geography, 2015, 97 (4): 343-362.

[78] Desilva S, Elmelech Y. Housing inequality in the united states: Explaining the white-minority disparities in homeownership [J]. Housing Studies, 2012, 27 (1): 1-26.

[79] Tang S, Feng J, Li M. Housing tenure choices of rural migrants in urban destinations: a case study of Jiangsu Province, China [J]. Housing Studies, 2017, 32 (3): 1-18.

[80] Bourassa SC. Ethnicity, endogeneity, and housing tenure choice [J]. The Journal of Real Estate Finance and Economics, 2000, 20 (3): 323-341.

[81] Arimah BC. The determinants of housing tenure choice in Ibadan, Nigeria [J]. Urban Studies, 1997, 34 (1): 105-124.

[82] Lin, CC. An joint estimation of house demand and tenure choice of Taiwan [J]. Chengchi University Journal, 1994, 68 (2), 183-200.

[83] 虞晓芬. 居民住宅租购选择及其弹性研究: 以杭州为对象 [M]. 北京: 经济科学

出版社，2007.

[84] Tang S，Feng J，Li M. Housing tenure choices of rural migrants in urban destinations: a case study of Jiangsu Province，China [J]. Housing Studies，2017，32 (3): 1-18.

[85] Huang X，Dijst M，Weesep JV，et al. Residential mobility in China: home ownership among rural-urban migrants after reform of the hukou registration system [J]. Journal of Housing and the Built Environment，2014，29 (4): 615-636.

[86] Gan X，Zuo J，Chang R，et al. Exploring the determinants of migrant workers' housing tenure choice towards public rental housing: a case study in Chongqing，China [J]. Habitat International，2016，58: 118-126.

[87] Fu Q. The persistence of power despite the changing meaning of homeownership: An age-period-cohort analysis of urban housing tenure in China, 1989-2011 [J]. Urban Studies，2016，53 (6): 1225-1243.

[88] Chen G. The heterogeneity of housing-tenure choice in urban China: A case study based in Guangzhou [J]. Urban Studies，2016，53 (5): 957-977.

[89] 胡国平，韦春丽. 保障性住房租购选择研究 [J]. 中国人口·资源与环境，2017，27 (7): 120-127.

[90] 何兴强，费怀玉. 户籍与家庭住房模式选择 [J]. 经济学，2018，17 (2): 527-548.

[91] 邹静，陈杰，王洪卫. 社会融合如何影响流动人口的居住选择——基于2014年全国流动人口监测数据的研究 [J]. 上海财经大学学报，2017，19 (5): 64-79.

[92] 张路，龚刚，李江一. 移民、户籍与城市家庭住房拥有率——基于CHFS2013微观数据的研究 [J]. 南开经济研究，2016 (4): 115-135.

[93] 高波，王紫绮. 高铁开通提高了中国城市经济增长质量吗？——基于劳动力流动视角的解释 [J]. 产业经济研究，2021 (4): 55-68.

[94] Chen JW，Hui ECM，Seiler MJ，et al. Household tenure choice and housing price volatility under a binding home-purchase limit policy constraint [J]. Journal of Housing Economics，2018，41: 124-134.

[95] 郭永沛，贺一舟，梁湉湉，等. 集体土地建设租赁住房试点政策研究——以北京市为例 [J]. 中国软科学，2020 (12): 94-103.

[96] 董纪昌，袁铨，尹利君，等. 基于PMC指数模型的单项房地产政策量化评价研究——以我国"十三五"以来住房租赁政策为例 [J]. 管理评论，2020，32 (5): 3-13+75.

[97] 林超，吕萍. 利用集体建设用地建设租赁住房试点方案比较研究——基于政策文本

分析[J]. 湖南农业大学学报（社会科学版），2019，20（5）：76-82.

[98] 吴宾，齐昕. 政策扩散阻滞：何以发生又如何消解？——自2016—2019年中国住房租赁政策的观察[J]. 公共行政评论，2020，13（5）：44-64+205-206.

[99] 李玲燕，陈诗祺. 培育与发展住房租赁市场的政策结构剖析——基于政策工具与产业链双视角[J]. 福建论坛（人文社会科学版），2018（8）：28-37.

[100] 祝仲坤. 公众满意度视角下中国住房保障政策评价[J]. 人口与发展，2018，24（1）：43-53.

[101] Liu C，Zhou Y，Zhao W，et al. Performance evaluation of housing price regulation policy in china：Based on ARIMA model and intervention analysis[C]. Kanazawa：Proceedings Of The Eleventh International Conference On Management Science And Engineering Management，2018：1773-1785.

[102] 周建军，孙倩倩. 改革开放以来国家宏观调控房地产的政策效应分析[J]. 中州学刊，2018（11）：42-51.

[103] 杨晓冬，惠晓峰，张黎黎. 住房政策有效性的灰色综合评价研究[J]. 中国软科学，2012（11）：183-192.

[104] Phang SY，Lee D，Cheong A，et al. Housing policies in Singapore：Evaluation of recent proposals and recommendations for reform[J]. Singapore Economic Review，2014，59（3）：1450025.

[105] Cao JA，Keivani R. The limits and potentials of the housing market enabling paradigm：An evaluation of china's housing policies from 1998 to 2011[J]. Housing Studies，2014，29（1）：44-68.

[106] Lester MS，Helmut KA，et al. Global civil society[M]. Hartford：Kumarian Press，2004.

[107] 李洪林，彭立强. 中国房地产市场政策调控效果研究述评[J]. 华东经济管理，2011，25（8）：118-122.

[108] 胡小芳，刘凌览，张越，等. 房地产宏观调控政策实施效果评价——基于武汉市购房群体的感知调查[J]. 财经理论与实践，2013，34（5）：101-106.

[109] 唐云松，梁田. 房地产调控政策的市场响应与实施效果分析[J]. 求索，2014（2）：108-113.

[110] 王博永，杨欣. 基于网络搜索的房地产政策调控效果研究[J]. 管理评论，2014，26（9）：78-88.

[111] 张风华，孙熙隆，刘佳佳，等. 我国房地产市场调控政策的综合效应评价研究[J]. 科技促进发展，2017，13（Z1）：39-47.

[112] 余芳梅，施国庆. 西方国家公共政策评估研究综述［J］. 国外社会科学，2012（4）：17-24.

[113] 李强，郑海军，李晓轩. 科技政策研究评价方法评析［J］. 科学研究，2018，36（2）：221-227+295.

[114] 张炜，费小燕，肖云，等. 基于多维度评价模型的区域创新政策评估——以江浙沪三省为例［J］. 科研管理，2016，37（S1）：614-622.

[115] 李苑艳，陈凯，顾荣. 基于政策工具和技术创新过程的生物质能源产业创新政策评价［J］. 科技管理研究，2018，38（6）：33-39.

[116] Peters J，Langbein J，Roberts G. Policy evaluation，randomized controlled trials，and external validity-A systematic review［J］. Economics Letters，2016，147：51-54.

[117] Huang C，Su J，Xie XA，et al. A bibliometric study of China's science and technology policies：1949-2010［J］. Scientometrics，2015，102（2）：1521-1539.

[118] Bistline JET，Brown M，Siddiqui SA，et al. Electric sector impacts of renewable policy coordination：A multi-model study of the North American energy system［J］. Energy Policy，2020，145：111707.

[119] 姜鑫，马海群，王德庄. 基于质性文本分析视角的开放科学数据与个人数据保护的政策协同研究——以国外资助机构为例［J］. 情报理论与实践，2020，43（7）：54-62.

[120] 马庆林. 系统思维与我国住房政策设计［J］. 系统科学学报，2013，21（2）：60-63.

[121] 李文庆，崔惠民. 我国差别化住房政策体系的多维考察和框架设计［J］. 城市发展研究，2013，20（2）：40-45.

[122] 孙涛，郑晓亚. 我国房地产调控政策的制定与执行——基于博弈论与激励理论的建模分析［J］. 云南财经大学学报，2015，31（4）：100-110.

[123] 张园，武永祥. 居民首次购房行为特征及宏-微观影响因素——基于哈尔滨样本的研究［J］. 系统管理学报，2016，25（2）：379-384.

[124] Wei ZC，Chen TT，Chiu RLH，et al. Policy transferability on public housing at the city level：Singapore to Guangzhou in China［J］. Journal of Urban Planning and Development，2017，143（3）：05017010.

[125] Concu GB，Atzeni G，Meleddu M，et al. Policy design for climate change mitigation and adaptation in sheep farming：Insights from a study of the knowledge transfer chain［J］. Environmental Science and Policy，2020，107：99-113.

［126］ Pierce JJ, Siddiki S, Jones MD, et al. Social construction and policy design: A review of past applications ［J］. Policy Studies Journal, 2014, 42 (1): 1-29.

［127］ Matteucci X, Gnoth J. Elaborating on grounded theory in tourism research ［J］. Annals of Tourism Research, 2017, 65: 49-59.

［128］ Timonen V, Foley G, Conlon C. Challenges When Using Grounded Theory: A Pragmatic Introduction to Doing GT Research ［J］. International Journal of Qualitative Methods, 2018, 17 (1): 1609406918758086.

［129］ Wiesche M, Jurisch MC, Yetton PW, et al. Grounded theory methodology in information systems research ［J］. MIS Quarterly, 2017, 41 (3): 685.

［130］ Hirono, KN. Housing Policy for the Elderly: A policy to build barrier-free rental housing ［J］. Pacific Economic Review, 2009, 14 (5): 694-704.

［131］ Karhula A. Comparing overall effects of family background on homeownership during early life course ［J］. Housing Studies, 2015, 30 (8): 1-18.

［132］ Wang Y, Otsuki T. Do institutional factors influence housing decision of young generation in urban China: Based on a study on determinants of residential choice in Beijing ［J］. Habitat International, 2015, 49: 508-515.

［133］ Perianes-Rodriguez A, Waltman L, van Eck NJ. Constructing bibliometric networks: A comparison between full and fractional counting ［J］. Journal of Informetrics, 2016, 10 (4): 1178-1195.

［134］ Burles MC, Bally JMG. Ethical, Practical, and Methodological Considerations for Unobtrusive Qualitative Research About Personal Narratives Shared on the Internet ［J］. International Journal of Qualitative Methods, 2018, 17 (1): 1609406918788203.

［135］ 纪文璐, 王海龙, 苏贵斌, 等. 基于关联规则算法的推荐方法研究综述 ［J］. 计算机工程与应用, 2020, 56 (22): 33-41.

［136］ 董纪昌, 刘晓亭, 季康先, 董志, 李季婷. 户主年龄、住房支付能力与家庭租购选择——基于CFPS的微观证据 ［J］. 系统工程理论与实践, 2021, 41 (8): 1961-1973.

［137］ Su SL, He SJ, Sun CX, et al. Do landscape amenities impact private housing rental prices? A hierarchical hedonic modeling approach based on semantic and sentimental analysis of online housing advertisements across five Chinese megacities ［J］. Urban Forestry and Urban Greening, 2021, 58: 126968.

［138］ Deterding NM, Waters MC. Flexible Coding of in-depth interviews: a twenty-first-century approach [J]. Sociological Methods & Research, 2021, 50 (2): 708-739.

[139] Duan WJ, Martins PS. Rent sharing in China: Magnitude, heterogeneity and drivers [J]. British Journal of Industrial Relations, 2021.

[140] 郑思齐, 刘洪玉, 任荣荣, 等. 中国地级及以上城市的住房消费特征——基于国家统计局2007年城镇住户大样本抽样调查的分析 [J]. 城市与区域规划研究, 2017, 9 (3): 126-138.

[141] Chen J, Yang Z. What do young adults on the edges of homeownership look like in big cities in an emerging economy: Evidence from Shanghai [J]. Urban Studies, 2017, 54 (10): 2322-2341.

[142] 王智勇. 当前人口流动的主要特征及对城市化的影响 [J]. 人民论坛, 2021 (17): 74-77.

[143] Konecki KT. Classic Grounded Theory-The Latest Version: Interpretation of Classic Grounded Theory as a Meta-Theory for Research [J]. Symbolic Interaction, 2018, 41 (4): 547-564.

[144] Debnath R, Darby S, Bardhan R, et al. Grounded reality meets machine learning: A deep-narrative analysis framework for energy policy research [J]. Energy Research & Social Science, 2020, 69: 101704.

[145] Burles MC, Bally JMG. Ethical, practical, and methodological considerations for unobtrusive qualitative research about personal narratives shared on the internet [J]. International Journal of Qualitative Methods, 2018, 17 (1): 1609406918788203.

[146] 王先柱, 殷欢, 吴义东. 文化规范效应、儒家文化与住房自有率 [J]. 现代财经 (天津财经大学学报), 2017, 37 (4): 66-75.

[147] Wu BY, Li H, Zheng W, et al. Confucian culture and homeownership: evidence from chinese families [J]. Journal of Family and Economic Issues, 2021, 42 (1): 182-202.

[148] 何可, 张俊飚, 张露, 等. 人际信任、制度信任与农民环境治理参与意愿——以农业废弃物资源化为例 [J]. 管理世界, 2015 (5): 75-88.

[149] 雷超, 卫海英. 跨境购物中的"马太效应": 制度信任对产品外部属性的调节作用研究 [J]. 旅游学刊, 2017, 32 (5): 36-45.

[150] 刘广平. 住房租赁市场搜寻匹配模型与仿真 [J]. 系统工程, 2018, 36 (10): 152-158.

[151] 徐戈, 李宜威. 空气质量对公众感知风险与应对意愿的影响研究 [J]. 系统工程

理论与实践，2020，40（1）：93-102.

[152] Zhang JK，Li H，Zheng W，et al. Meta-analysis of the relationship between high quality basic education resources and housing prices [J]. Land Use Policy，2020，99：104843.

[153] Kishor NK，Morley J. What factors drive the price-rent ratio for the housing market? A modified present-value analysis [J]. Journal of Economic Dynamics and Control，2015，58：235-249.

[154] Ajzen I. Perceived behavioral control，self-efficacy，locus of control，and the theory of planned behavior [J]. Journal of Applied Social Psychology．2010，32（4）：665-683.

[155] Czerniak A，Rubaszek M. The size of the rental market and housing market fluctuations [J]. Open Economies Review，2018，29，261-281.

[156] Sissons P，Houston D. Changes in transitions from private renting to homeownership in the context of rapidly rising house prices [J]. Housing Studies，2019，34（1）：49-65.

[157] Fisher LM，Pollakowski HO，Zabel J. Amenity-based housing affordability indexes [J]. Real Estate Economics，2009，37：705-746.

[158] McClure K. The future of housing policy：Fungibility of rental housing programs to better fit with market need [J]. Housing Policy Debate，2017，27（3）：486-489.

[159] Holl M. Interventions to prevent tenant evictions：a systematic review [J]. Housing Policy Debate，2017，27（3）：486-489.

[160] Zhai D，Shang YS，Wen HZ，et al. Housing price，housing rent，and rent-price ratio：evidence from 30 cities in china [J]. Journal of Urban Planning and Development，2018，144（1）：04017026.

[161] Hu LR，He SJ，Luo Y，et al. A social-media-based approach to assessing the effectiveness of equitable housing policy in mitigating education accessibility induced social inequalities in Shanghai，China [J]. Land Use Policy，2020，94：104513.

[162] Makinde OO. Influences of socio-cultural experiences on residents' satisfaction in Ikorodu low-cost housing estate，Lagos state [J]. Environment，Development and Sustainability，2015，17（1）：173-198.

[163] Wang Y，Otsuki T. A study on house sharing in china's young generation - based on a questionnaire survey and case studies in Beijing [J]. Journal of Asian

Architecture and Building Engineering, 2016, 15: 17-24.

[164] Cho SH, Newman DH, Wear DN. Community choices and housing demands: a spatial analysis of the southern Appalachian highlands [J]. Housing Studies, 2010, 20 (4): 549-569.

[165] 严由卫. 社会化媒体信息传播行为影响因素研究 [D]. 南昌大学, 2018.

[166] Doloi H, Iyer KC, Sawhney A. Structural equation model for assessing impacts of contractor's performance on project success [J]. International Journal of Project Management, 2011, 29: 687-695.

[167] 徐万里. 结构方程模式在信度检验中的应用 [J]. 统计与信息论坛, 2008 (7): 9-13.

[168] 刘德强. 基于结构方程模型的湿地生态系统服务影响因素研究 [D]. 北京林业大学, 2018.

[169] 李更. 第三方移动支付用户持续使用意愿影响因素研究 [D]. 武汉理工大学, 2018.

[170] 温忠麟, 侯杰泰, 张雷. 调节效应与中介效应的比较和应用 [J]. 心理学报, 2005 (2): 268-274.

[171] 王兆丰. 基于 UTAUT 模型的移动电子健康服务用户使用意愿实证研究 [D]. 湘潭大学, 2020.

[172] Featherston CR, O'Sullivan E. Enabling technologies, lifecycle transitions, and industrial systems in technology foresight: insights from advanced materials FTA [J]. Technological Forecasting and Social Change, 2017, 115: 261-277.

[173] Liang DC, Yi BC. Two-stage three-way enhanced technique for ensemble learning in inclusive policy text classification [J]. Information Sciences, 2021, 547: 271-288.

[174] Buldyrev SV, Parshani R, Paul G, et al. Catastrophic cascade of failures in interdependent networks [J]. Nature, 2010; 464 (7291): 1025-1028.

[175] Gao J, Buldyrev SV, Havlin S, et al. Robustness of a network of networks [J]. Physical Review Letters, 2011, 107 (19): 195701.

[176] Gao J, Buldyrev SV, Stanley HE, et al. Networks formed from interdependent networks [J]. Nature physics, 2011, 8 (1): 40-48.

[177] Crossley N., Edwards G. Cases, mechanisms and the real: the theory and methodology of mixed-method social network analysis [J]. Sociological Research Online, 2016, 21 (2): 1-15.

［178］ Newman MEJ, Girvan M. Mortgage finding and evaluating community structure in networks［J］. Physical Review E, 2004, 69（2）: 026113.

［179］ 关希望. 维基百科知识网络结构及编辑行为模式研究［D］. 大连理工大学, 2020.

［180］ 陈宇, 孙枭坤. 政策模糊视阈下试点政策执行机制研究——基于低碳城市试点政策的案例分析［J］. 求实, 2020（2）: 46-64＋110-111.

［181］ 刘洪玉. 什么因素阻碍了租房市场健康发展［J］. 人民论坛, 2017（24）: 88-90.

［182］ Rothwell R, Zegveld W. An assessment of government innovation policies［J］. Review of Policy Research, 1984, 3（34）: 436-444.

［183］ Schneider A, Ingram H. Social construction of target populations - implications for politics and policy［J］. American Political Science Review, 1993, 87（2）: 334-347.

［184］ 王辉. 政策工具选择与运用的逻辑研究——以四川Z乡农村公共产品供给为例［J］. 公共管理学报, 2014, 11（3）: 14-23＋139-140.

［185］ 徐媛媛, 严强. 公共政策工具的类型、功能、选择与组合——以我国城市房屋拆迁政策为例［J］. 南京社会科学, 2011（12）: 73-79.

［186］ 夏翠珍, 廖杰, 郭建军, 刘慧, 高扬. 1983-2017年宁夏盐池县生态治理政策的类型与变化——基于政策工具视角［J］. 中国沙漠, 2019, 39（3）: 107-116.

［187］ Hall PA. Policy paradigms, social-learning, and the state - the case of economic policy-making in Britain［J］. Journal of European Public Policy, 1993, 25（3）: 275-296.

［188］ Normann HE. Policy networks in energy transitions: the cases of carbon capture and storage and offshore wind in Norway［J］. Technological Forecasting and Social Change, 2017, 118: 80-93.

［189］ Zhu YP. Policy networks and policy paradigm shifts: urban housing policy development in China［J］. Journal of Contemporary China, 2013, 22（82）: 554-572.

［190］ Grin, J, VandeGraaf, H. Implementation as communicative action - An interpretive understanding of interactions between policy actors and target groups［J］. Policy Sciences, 1996, 29（4）: 291-319.

［191］ Herz A, Petermann S. Beyond interviewer effects in the standardized measurement of ego-centric networks［J］. Social Networks, 2017, 50: 70-82.

［192］ 刘晓君, 郭晓彤, 李玲燕, 等. 基于改进高维多目标优化算法的中国住房租赁市场政策工具组合［J］. 系统管理学报, 2020, 29（3）: 532-540.

［193］ Roblitz S, Weber M. Fuzzy spectral clustering by PCCA plus: application to

Markov state models and data classification [J]. Advances in Data Analysis and Classification, 2013, 7 (2): 147-179.

[194] 威廉邓恩. 公共政策分析导论 [M]. 谢明, 伏燕, 朱雪宁, 译. 北京: 中国人民大学出版社, 2002.

[195] 李琪, 王兴杰, 武京军. 新时期我国公共政策评估的原则、标准和要点 [J]. 干旱区资源与环境, 2019, 33 (10): 1-8.

[196] Kim KH, Cho M. Structural changes, housing price dynamics and housing affordability in Korea [J]. Housing Studies, 2010, 25 (6): 839-856.

[197] Kost TC. Hope after Hope Ⅵ? Reaffirming racial integration as a primary goal in housing policy prescriptions [J]. Northwestern University Law Review, 2012, 106 (3): 1379-1418.

[198] Williamson AR, Smith MT, Strambi-Kramer M. Housing choice vouchers, the low-income housing tax credit, and the federal poverty deconcentration goal [J]. Urban Affairs Review, 2009, 45 (1): 119-132.

[199] Cheshire L, Walters P, Rosenblatt T. The politics of housing consumption: Renters as flawed consumers on a master planned estate [J]. Urban Studies, 2010, 47 (12): 2597-2614.

[200] Drew RB. Constructing homeownership policy: Social constructions and the design of the low-income homeownership policy objective [J]. Housing Studies, 2013, 28 (4): 616-631.

[201] Deb K, Thiele L, Laumanns M, et al. Scalable test problems for evolutionary multiobjective optimization [M]. Abraham A, Jain L, Goldberg R. Evolutionary Multiobjective Optimization. Theoretical Advances and Applications. Berlin, Heidelberg: Springer, 2006: 105-145.

[202] Ishibuchi H, Setoguchi Y, Masuda H, et al. Performance of decomposition-based many-objective algorithms strongly depends on Pareto front shapes [J]. IEEE Transactions on Evolutionary Computation, 2017, 21 (2): 169-190.

[203] While L, Hingston P, Barone L, et al. A faster algorithm for calculating hypervolume [J]. IEEE Transactions on Evolutionary Computation, 2006, 10 (1): 29-38.

[204] 郭晓彤, 李玲燕, 朱春阳. Pareto 支配关系下两阶段进化高维多目标优化算法 [J]. 计算机科学与探索, 2018, 12 (8): 1350-1360.

[205] He ZN, Yen GG. Many objective evolutionary algorithm: Objective space reduc-

tion and diversity improvement [J]. IEEE Transactions on Evolutionary Computation, 2016, 20 (1): 145-160.

[206] Zhu CY, Cai XY, Fan Z, et al. A two-phase many-objective evolutionary algorithm with penalty based adjustment for reference lines [C]. Proceedings of the 2016 IEEE Congress on Evolutionary Computation, Vancouver, Jul 24-29, 2016. Piscataway: IEEE, 2016: 2161-2168.

[207] 刘晓君, 李玲燕. 租购并举住有所居住房租赁市场提质增效的陕西方案 [EB/OL]. 人民日报海外版-人民网, 2018-03-23. http://www.163.com/dy/article/DDK75V5K0514CKJ1.html.